백세시대 건강관리

김홍백 저

형설 eLife

머리말

지난해에 삼척시 경로회장을 비롯한 노인 지도자들을 대상으로 삼척문화예술회관 대강당에서 노인 지도자들의 직무교육이 있었다.

노인대학 학장 자격으로 특강을 해 달라는 요청을 받고 「노인들의 의사소통과 리더십」에 관하여 특강을 실시하였다. 특강이 끝나고 몇 분의 어르신이 나에게 찾아와서 오늘 강의한 내용의 자료를 줄 수 있느냐고 문의하였다. 혹시 전자메일(e-mail) 주소가 있는지 확인했더니 모두 고령이시라 없다고 하셨다. 어떻게 전달할까 고민하다가 책으로 편집해도 괜찮겠다는 결론을 내렸다.

그동안 노인대학(원)에서 강의하면서 저장해 놓은 자료들, 노인복지관에서 노인들을 대상으로 상담사를 하면서 직접 경험했던 내용들, 현재 우리 아파트 경로당 회장을 맡고 있으면서 경험했던 내용들 그리고 나도 노인으로 살아가면서 직접 경험한 내용들을 책에 담아서 노인들과 함께 공유하면 참 좋겠다는 생각들이 간절하였다.

본 저서는 노인들을 대상으로 한 노인들의 이야기이므로 우선 노인들이 읽기 쉽도록 글자체를 크게 하였으며, 시각적으로도 도움이 될 수 있도록 그림과 도표를 가능한 많이 삽입하도록 노력하였다.

본서는 책의 구성 전개 내용이 계속 연결되는 것이 아니기 때문에 처음부터 끝까지 완독한다는 생각은 버리고, 우선 목차를 보고 마음에 와 닿는 내용이 있으면 오늘은 이 단락을 읽어보고, 다음에는 또 다른 내용들을 읽어보는 그런 방법이 좋을 것 같다. 대부분의 노인들은 시력이 좋지 않으므로 오랫동안 책을 읽을 수가 없기 때문이다.

　책의 제목을 「백세시대 건강관리」라고 한 것은 이제 누구나 백세까지 살 수 있다는 것이 현실로 다가왔기 때문에 백세까지 살아가려면 어떻게 준비하고, 어떠한 모습으로 살아가야 하는지 이 책을 통하여 함께 공유하고자 하기 때문이다. 이 책의 내용은 우리 노인들 자신의 이야기이므로 노인들은 쉽게 이해와 공감이 되리라 보며, 젊은이들도 이 책을 통하여 노인들에 대하여 조금 더 이해할 수 있는 내용이 되었으면 한다.

　2025년, 지금부터 2년 후면 우리나라도 초고령 사회에 진입할 것으로 예상하고 있으며, 100세 시대를 앞두고 있다고 언론이나 각종 매체에서도 연일 보도하고 있다. 장수하고 싶은 마음은 우리 모두의 바람이지만 문제는 건강을 유지하면서 장수해야 의미가 있다. 거동조차 하지 못하면서 장수한다는 것은 본인도 삶의 의미가 없는 일이며, 주변 가족들에게도 너무 힘든 일이다. 이 책을 통하여 건강한 모습으로 장수하는데 조금이나마 도움이 될 수 있기를 소원해 본다.

　이제 우리나라도 젊은이들보다는 노인들이 더 많은 세상이 되었다. 초고령 사회를 목전에 둔 지금 예전엔 경험해 보지 못한 새로운 세상이 도래되어서 국가나 사회도 매우 혼란스럽다. 지방이 소멸되고 나아가서는 국가도 소멸될 수 있다는 이 엄청난 위기를 우리들은 과연 어떻게 해결해야 될지 심히 우려가 된다.

　이 책을 통하여 노인들과 젊은이들이 조금이라도 공감할 수 있기를 기원해 본다. 젊은이들이 본서를 읽고 공감이 된다면 부모님이나 주위 어르신들께 이 책을 드리면 귀한 선물이 될 것이며, 전국에 산재해 있는 노인대학에서는 인문학 강의 교재용으로 사용해도 무방할 것 같다.

　늦은 나이에 자료정리, 편집, 수정 및 교정까지 혼자서 모두 하려고 하니 눈도 잘 보이지 않고, 그리고 컴퓨터 앞에 오랫동안 앉아 있으니 힘들었지만 모두 완성하고 보니 보람도 있는 것 같다.

　끝으로 본서가 나오기까지 여러 모양으로 도움을 주신 형설출판사 장진혁 대표님과 출판사 관계자 여러분들에게 이 지면을 통하여 깊은 감사를 전하고 싶다.

저자 올림

목차

1장 노인들의 삶
- 노인이란? ·················· 11p
- 노인의 개념 ················ 13p
- 고령화 사회로 치닫는 대한민국 ······ 17p
- 노인들의 특성 ··············· 42p

2장 노인들의 건강관리
- 잘 먹어야 한다 ·············· 61p
- 잘 놀아야 한다 ·············· 74p
- 잘 자야 한다 ················ 96p
- 잘 배설해야 한다 ············· 105p
- 적당한 체중 유지하기 ·········· 107p
- 마음을 잘 관리해야 한다 ········ 117p

3장 노인들의 의사소통
- 의사소통이란? ··············· 159p
- 의사소통은 왜 필요한가? ········ 162p
- 의사소통은 어떤 방법으로 하는가?· 165p
- 효과적인 의사소통 방법 ········· 172p
- 비효과적인 의사소통 방법 ········ 176p
- 약이 되는 말들 ··············· 178p

4장 노인들의 리더십 (Leadership)

- 리더십이란 무엇인가? 184p
- 리더십의 유형은? 186p
- 서번트(servant)형의 리더십 191p
- 독재자들의 리더십과 예수님의 리더십
  .... 195p

5장 노인의 4고(苦)

- 빈고(貧苦: 경제적인 고통) 203p
- 병고(病苦: 신체적인 고통) 205p
- 고독고(孤獨苦: 소외와 고독감) 207p
- 무위고(無爲苦: 역할 상실) 210p

6장 노인의 날

- 노인의 날 214p

7장 장수로 가는 길

- 장수를 위해 실천해야 할 행동 228p
- 장수 비결의 생활 습관은? 236p
- 세계 5대 장수마을 사람들의 공통점 · 242p
- 젊게 살고 있는 노인들의 공통점 ... 244p
- 노인들의 삶과 여행 247p

8장 노인들의 마음가짐

- 노인들의 마음가짐 ···················· 252p
- 사전연명의료의향서 ···················· 276p

9장 신 노년 혁명 시대

- 신 노년 혁명 시대 ···················· 285p

10장 사단법인 대한노인회

- 설립 목적 ···················· 298p
- 대한노인회 조직도 ···················· 299p
- 대한노인회 주요 사업 내용 ········ 300p

참고문헌

···················· 304p

1. 노인들의 삶

『노인 강령』

　우리는 사회의 어른으로서 항상 젊은이들에게 솔선수범하는 자세를 지니고 동시에 지난날 우리가 경험한 고귀한 경험 업적 그리고 민족의 얼을 후손에게 계승할 전수자로서의 사명을 자각하며 아래 사항의 실천을 위하여 다 함께 노력한다.

1. 우리는 가정이나 사회에서 존경받는 노인이 되도록 노력한다.
2. 우리는 경로 효친의 윤리관과 전통적 가족 제도가 유지 발전 되도록 힘쓴다.
3. 우리는 청소년을 선도하고 젊은 세대에 봉사하며 사회 정의 구현에 앞장선다.

노인이란?

모든 인간은 성장, 성숙, 그리고 노화라고 하는 세 가지 단계를 거쳐 발달하게 되는데, 이 중에서 노화 단계에 속하는 사람들을 '노인'이라는 용어로 구별하여 부르고 있다.

일반적으로 연령이나 겉모습으로 판단한 생물학적인 노화를 기준으로 노인을 규정하는 경우가 많은데, 연령에 따라서 인간의 발달 단계를 획일적으로만 구분하는 것에는 한계가 있다.

노화는 개인에 따라서 차이가 있으며 생물학적인 노화, 심리학적인 노화 그리고 사회학적인 노화라고 하는 복합적인 발달 영역을 내포하고 있으며, 특정 시대의 문화와 정치, 경제 등의 다양한 요인들과 밀접하게 연관되어 있기 때문이다.

일반적으로 사람들은 노화를 발달이 아닌 퇴행 즉, 퇴화라는 것으로 생각하지만 성장, 성숙, 노화의 전 단계를 합쳐서 인간 발달로 정의하는 것이 노인 복지학계의 입장이다.

우리가 생각하는 노인이란 무엇인가?

사전적 개념에 의하면 노인을 '나이가 들어서 늙은 사람'이라고 표현한다. 하지만 국가적으로나 사회적, 문화적 배경 및 시기에 따라서는 노인의 기준이 달라질 수 있으므로 노인의 개념을 명확하게 정의하기란 쉽지가 않다.

2

노인의 개념

노인의 개념을 보다 더 명확하게 하기 위해서는 '노화 현상에 의한 노인'과 '노인에 대한 조작적 정의'로 구분하여 설명할 수 있다.

◆ 노화 현상에 의한 노인의 정의

국제노년학회에서는 노인이란 '노화의 과정 또는 그 결과로부터 생물적, 심리적, 사회적 기능이 약화되어 자립적 생활 능력과 환경에 대한 적응 능력이 약화되고 있는 사람'이라고 정의하고 있다.

◆ 노인의 조작적 정의

노인에 대한 정의는 조작적으로도 설명할 수 있는데, 여기서는 개인의 자각, 역연령, 사회적 역할 상실, 기능적 연령, 발달 단계에 따른 노인으로 5가지로 구분하여 설명할 수 있다.

• 개인의 자각에 의한 노인

개인 스스로가 주관적 자각에 의해 '노인'이라고 생각하는 경우이다.

65세 이상이 되면 누구나 경로 회원이 될 수 있는 자격이 부여됨에도 불구하고, 본인은 결코 노인이 아니라고 하면서 경로회에 등록을 하지 않는 노인들도 있다. 본인 스스로가 노인이라고 인정하지 않는 사례이다.

경로회에 등록을 하라고 권유하면 '형들이 심부름을 시켜서 안 한다'는 남자 노인들도 있고, '언니들이 밥 차려 달라고 하여 귀찮아서 등록을 안 한다'는 여자 노인들도 있다.

70세 된 노인들이 사용하는 용어를 봐도 자신들이 노인이라고 생각하지 않은 사람들이 있는 것이다.

국민연금공단 국민연금연구원의 제9차 중·고령자의 경제생활 및 노후준비실태(2021년) 보고서에 의하면, 50대 이상 6,392명의 중·고령자가 주관적으로 인식하는 '노인이 되는 시점'은 평균 69.4살로 나타났다.

현재 노인 복지법 등 다수 복지 제도가 노인으로 보는 65살보다 높은 연령으로 나타났으며, 10년 전 조사 당시 67.6살보다 2살 정도 늦어졌다. 통계청에서 발표한 노인실태조사(2021년)에 의하면 노인의 74.1%가 노인 연령 기준은 70세 이상으로 생각한다고 조사되었다.

서울시는 2022년 6월부터 두 달 동안 서울에 사는 만 65세 이상 노인 3,010명에게 대면 면접 방식으로 '노인 연령 기준을 몇 세라고 생각하느냐?'고 물었다. 그 결과 평균 72.6세란 답변이 나왔다. 서울시가 지하철 무임승차 연령을 높일 경우 새로운 기준으로 거론되는 70세보다도 오히려 더 높게 나왔다. 이런 결과가 나온 이유는 노인의 생활환경이나 신체 기능이 더 젊어졌으며, 만성 질환 유병률도 낮아졌기 때문으로 보인다.

● 역연령에 따른 노인

출생 이후부터 달력상의 나이로 계산한 나이가 일정 연령 이상에 도달하면 '노인'이라고 정의한다. 노인 복지법이나 국민기초생활보장법에는 65세 이상을 노인으로 규정하고 있으나 고용 상 연령차별금지법에서는 55세 이상을 노인으로 정의하고 있다.

수명이 짧았던 과거에는 만 60세 이상을 노인으로 규정하였으나, 이제는 만 65세로 규정하고 있으며, 100세 시대를 앞두고 있는 지금은 언젠가는 만 70세로 조정되어야 할 것 같다. 조정에 따른 국민적 합의가 쉽지는 않겠지만 이대로 간다면 국가 경영에 엄청난 어려움에 봉착하리라 예상된다.

일본노년학회는 2017년, 새로운 노인 연령 기준을 일본 정부에 제안했다. 65세에서 74세 사이를 준 고령자, 75세에서 89세 사이를 고령자, 그리고 90세 이상을 초고령자로 분류하자는 것이다. 이에 앞선 2015년, 유엔도 생애 연령 기준을 다시 정립해 발표했다. 18세에서 65세 사이를 청년, 66세에서 79세 사이를 중년, 80세에서 99세 사이를 노인, 100세 이후를 장수노인으로 구분하고 있다.

우리나라에서도 노인 기준 연령은 현행 65세에서 단계적으로 70세로 상향 조정하자는 주장이 제기되고 있다. 하지만, 복지 공백에 따른 우려로 일괄 상향 조정 대신 정책별로 대상 연령 기준을 조정하는 것으로 일단락됐다.

• 사회적 역할 상실에 따른 노인

생산 활동으로부터 은퇴하거나 중요한 사회적 역할과 지위가 감소하거나 이를 상실한 경우를 '노인'이라고 정의한다.

• 기능적 연령에 따른 노인

개인이 특정한 업무나 일을 수행할 수 없을 정도로 기능이 저하된 노인을 말한다.

• 발달 단계에 따른 노인

50대 후반부터 초기 노인기로, 60세 또는 65세부터 노인기로 분류하고 75세 이후를 후기 노인기로 구분하는 경우이다.

3

고령화 사회로 치닫는 대한민국

　지금 대한민국은 고령사회를 넘어서 초고령 사회로 달려가고 있다.
　OECD 국가 중 우리나라가 최단기간에 초고령 사회로 진입할 것으로 예상되고 있다.
　초고령 사회는 출생률 저하와 사망률의 저하와 관련이 있다.
　본 장에서는 왜 출생률이 저조한가? 그리고 초고령 사회가 되면 국가적으로 어떤 어려움들이 있는지? 이러한 문제들을 이해하려고 한다.

◆ 고령화 사회에서 초고령 사회로

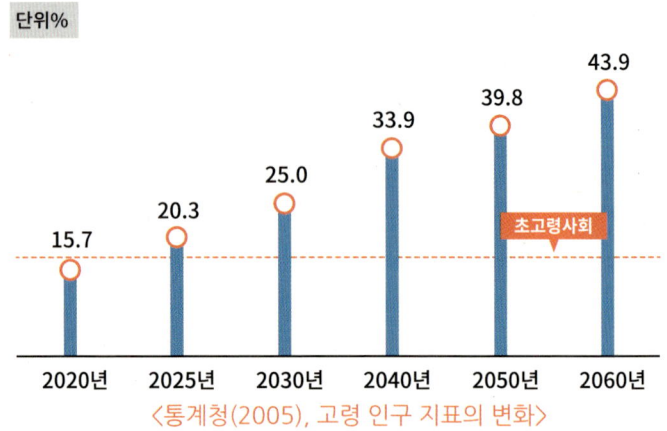

<통계청(2005), 고령 인구 지표의 변화>

　UN의 기준에 따르면 총 인구에서 65세 이상 인구가 차지하는 비율이 7% 이상이면 고령화 사회, 14% 이상이면 고령 사회라고 하며, 20% 이상이면 초고령 사회 또는 후기 고령화 사회라고 한다. 2005년 통계청 자료에 의하면 한국은 2000년에 65세 이상의 인구 비율이 7.2%를 넘어섬으로써 이미 고령화 사회에 진입하였으며, 2017년에 노인 인구 14.2%를 기록하여 고령 사회에 진입하였다.

　행정안전부가 발표(2023년)한 '2022년 우리나라 주민 등록 인구 통계'에 의하면 우리나라 여성 중 65세 이상 고령자는 20.1%(520만 명)로 처음으로 20%를 넘어 초고령 사회에 진입하였으며, 65세 이상 남성은 15.9%(407만 명)로 나타났다.

　여성과 남성을 모두 합친 우리나라의 65세 이상 고령 인구는 927만 명으로 전체 인구의 18% 이상이다. 여성 노인은 예상보다 빠르게 이미 초고령 사회에 진입하였으며, 남자 노인들도 목전에 두고 있다.

　행정안전부의 발표(2023년)에 의하면 2022년도 17개 시·

도별 고령 인구 비율을 보면 전남 25.17%, 경북 23.78%, 전북 23.20%, 강원 22.77%, 부산 21.47%, 충남 20.58% 등 6개 지역은 이미 초 고령화 사회에 진입한 것으로 나타났다.

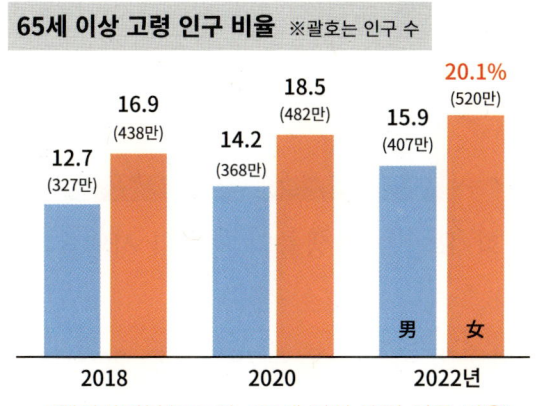

〈행정안전부(2023), 65세 이상 고령 인구 비율〉

시·군·구별로 보면 시 지역인 75개 지역에서는 초고령 사회로 진입한 지역이 32곳(42.7%)이며, 군 지역에서는 76곳(92.7%)이 이미 초고령 사회로 진입한 것으로 나타나고 있어, 군 지역에서는 노인들만 살고 있다는 현실이 사실로 나타나고 있다.

일본은 이미 2006년에 초고령 사회에 진입한 나라이다. 일본은 고령화 사회에서 고령사회로 진입하는 데 24년 걸렸는데, 한국은 17년 걸렸다. 그리고 일본은 고령 사회에서 초고령 사회로 진입하는 데 12년 걸렸는데, 한국은 9년 만에 초고령 사회로 진입할 전망이다.

경제개발협력기구(OECD)의 보고서에 의하면 한국은 그동안 가장 젊은 나라였지만, 향후 50년 이내에 가장 늙은 나라로 변화할 것이라고 전망하였으며, OECD 37개 국가 중 가장 빨리 늙어가고 있다고 하였다.

◆ **고령화와 출생률**

인구의 고령화 요인은 출생률의 저하와 사망률의 저하와 관련이 많다.

2022년도 한국의 출산율은 0.78명으로 2021년도 1분기 합계 출산율 0.88명보다 0.1명 감소하여 7년 연속 OECD 국가 중 최하위를 기록하였다.

행정안전부의 발표(2023년)에 의하면 2022년도 우리나라 출생자 수는 25만 4,628명으로 사상 처음으로 26만 명 밑으로 떨어졌으며, 자연적 요인(출생-사망)에 의한 인구 감소는 역대 최대인 11만 8,003명으로 나타났다고 발표하였다.

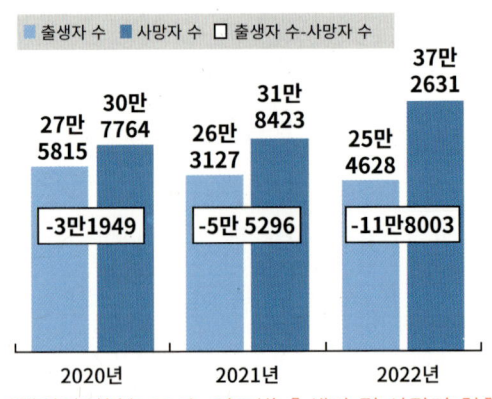

〈행정안전부(2023), 연도별 출생자 및 사망자 현황〉

이는 출생자 수가 지속적으로 줄고 있는 반면 사망자 수도 증가하고 있다는 것이다. 고령 인구는 전체 인구의 18.0%이며 여자는 20.1%, 남자는 15.9%로서 여자가 4.2% 더 높게 나타났다. 우리나라 인구의 중간 연령은 44.5세로 1년 전보다 0.6살 늘어났으며, 유소년 인구(0~14세)는 16만 7천 명이 줄었다. 생산연령인구(15~64세)는 34만 4천 명 줄어들었는데, 고령 인구(65세 이상)는 1년 전보다 41만 9천 명 증가하였다.

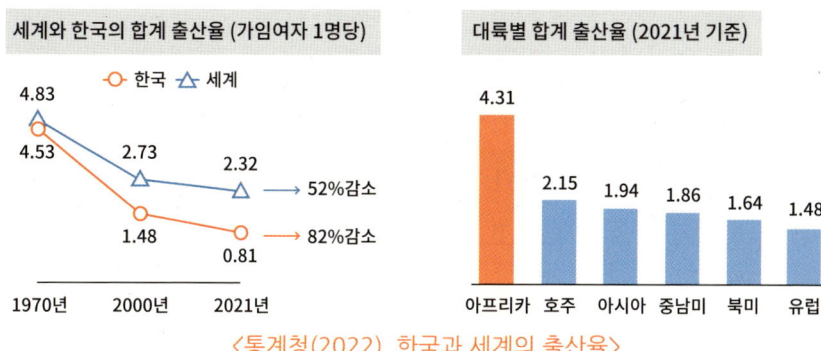

〈통계청(2022), 한국과 세계의 출산율〉

한국경제연합이 출산율과 고령화가 경제 성장률에 미치는 영향을 분석한 결과 합계 출산율 0.25명이 감소할 경우, 경제 성장률은 0.9% 감소한다고 한다. 그리고 고령 인구 비율이 1% 증가할 경우에는, 경제 성장률이 0.5% 감소한다고 보고하였다.

장수한다는 것은 누구나 원하는 것이지만 고령화에 따른 질병, 빈곤, 고독 등의 문제와 그에 따른 사회적 비용 등도 주요한 문제로 부각되고 있다.

이렇게 출생률은 계속 줄어들고 고령화가 계속 진행된다면 지금 태어나는 아이들이 성인이 되었을 때 국가 운영을 어떻게 해야 될지 심히 걱정스럽다. 그때는 어린이집부터 대학까지 절반 이상은 구조 조정이 되어야 할 것이다. 이렇게 짧은 시간에 출생률이 저조하고 고령화가 급격하게 증가한 것은 세계적으로도 찾아볼 수가 없으므로 지금은 세계가 우리나라를 걱정하고 있는 실정이다.

◈ 왜 출생률이 저조할까?

정부는 지난 2006년부터 2021년까지 16년 동안 약 280조 원의 예산을 저출산율을 개선하고자 투입하였다고 한다. 그럼에도 불구하고 우리나라는 저출산·고령화가 급속히 진행되어 2021년 기준 합계 출산율(여성 한 명이 평생 낳을 것으로 기대되는 평균 출생아 수)이 세계 최하위 수준인 0.81명인 것으로 나타났으며, 2022년도에는 0.78명으로 나타났다.

〈통계청(2022), 대한민국 출산율〉

• 결혼 기피 현상

결혼 연령에 도달한 젊은이들 중에는 결혼에 관하여 부정적인 인식을 갖고 결혼을 기피하고 있는 사람들도 많다.

조선일보사와 서울대 사회발전연구소가 20~30대 미혼자들을 대상으로 조사한(2022년) '결혼 희망 여부 조사'에 의하면 20대 남자는 '결혼을 원한다'가 47.6%, 여자는 33.6%로 나타났으며, 30대는 남자가 44.4%, 여자가 32.6%로 나타났다. 나머지는 '원하지 않거나', '생각이 확실하지 않다'로 답변하였다. 남녀 모두 결혼을 원하지 않은 것이 높게 나타났으며, 여자들이 남자들에 비하여 더 높게 나타나고 있다.

결혼을 기피하는 원인은 결혼할 형편이나 조건이 안 되어서 못하는 경우도 있지만, 결혼할 여건이 되어도 기피하는 경우도 많다는 것이다.

현재 결혼 대상에 있는 젊은이들 중에는 자신이 성장하는 과정에서 부모들이 행복해 하는 모습을 본 적이 없는 젊은이들은 결혼에 대하여 부정적인 인식을 갖고 있다. 또한 자식들을 위하여 모든 것을 희생하고 헌신만 한 부모 밑에서 자란 자식들은 '부모님들이 왜 나를 낳아서 저렇게 힘들게 살지? 그러면 결혼을 하지 않고 사는 것이 낳지 않을까?', '결혼을 해서 자식을 낳고 사는 것은 힘든 일이고, 어리석은 일이므로 결혼을 해도 자식을 낳지 말아야지'라는 이기적인 생각을 하게 된다. 그러므로 부모들은 자식들을 위하여 희생하고 헌신만 할 것이 아니라 자신들의 삶을 통해 부모들이 행복하게 살아가는 모습을 자식들에게 물려주는 것이 바람직하다. 그래야만 그 자식들이 결혼에 대하여 긍정적인 인식을 갖게 될 것이다.

• 취업 불안

'취준생'이라는 말이 있다. 취업을 준비하는 학생이라는 말을 줄인 말이다. 대학을 졸업해도 취업이 잘 안 되니 준비하는 기간이 2~3년 걸린다는 청년들도 많다. 취업이 잘 안 되는 이유는 본인이 어느 기준치를 정해 놓고 그 이하는 자리가 있어도 기피하기 때문이다.

좋은 직장은 들어가기가 어렵고, 제조업이나 농업, 어업에는 일할 사람이 없어서 난리다. 그런 곳에는 외국 노동자들이 아니면 문을 닫아야 한다고 한다. 취업이 본인이 원하는 곳에는 잘 안 되고 그리고 취업을 해도 계약직 신분이면 불안하여 결혼할 용기가 나지 않는다.

결혼을 해야 자식을 낳을 것인데, 취업이 불안하니 결혼을 하고 싶어도 결혼을 못하는 사람들도 많다.

• 결혼 비용의 증가

결혼을 하려면 직장도 있어야겠지만, 직장이 있어도 결혼을 하는데 필요한 형편과 여건이 되어야 한다. 결혼 예식에 따른 비용도 많이 들지만 신혼집을 구하려면 많은 돈이 필요하다. 부모들이 집이라도 구해주면 다행이지만 혼자 벌어서 신혼집을 구하기란 쉽지도 않다.

요즘 젊은이들은 직장을 구하게 되면 승용차부터 먼저 구입한다. 남녀 교제를 하기 위해서는 승용차가 필수품이라는 것이다. 구입을 할 때도 목돈이 없기 때문에 월부로 구입을 하는 경우가 많은데, 월급에서 매달 차량에 들어가는 할부금과 주택 임대료,

생활비 등을 감안하면 저축이 되지 않는다. 특히 대도시나 수도권에는 전세금이 대폭 상승하였으며, 대출 금리도 대폭 상승하여 결혼하기가 더 어려워지고 있다.

정부에서는 노인 복지도 중요하지만 그것보다도 더 중요한 것은 청년들이 결혼하는 데 필요한 주택 문제를 해결하기 위해 큰 정책을 내놓아야 한다. 임대 주택을 많이 신축하여 신혼부부들이 주택 문제를 해결하고, 아기들을 저렴한 가격으로 맡길 수 있는 어린이집이나 유치원을 국가나 지자체에서 해결해 주는 것도 좋은 대안이 될 수 있다.

• 육아 비용

출산을 기피하는 원인 중에 하나로 육아 비용을 들 수 있다.

기성세대들이 어릴 때는 부모들의 특별한 보호 없이도 잘 자랐다고 젊은이들에게 말하면 '꼰대' 같은 말이라고 비판당한다. 요즘에는 출산은 당연히 병원에서 하는 것이고, 출산 후에는 조리원에서 요양하는 것이 산모들에게는 필수 코스처럼 되어 있다.

현재 정부에서나 지방자치단체에서도 출산율을 장려하기 위하여 많은 지원을 하고 있다. 특히 지방에서는 지역 소멸 위기에 놓인 지방자치단체들이 출산 장려금을 지원하면 출산 장려 분위기 조성에 긍정적인 효과가 있다고 판단하고 출산 장려금을 지급하고 있다. 2001년 전라남도에서 최초로 도입된 출산 장려금은 유행처럼 번지며 지금은 지자체마다 막대한 예산을 지원하고 있는 실정이다.

출산 장려금은 각 지역별로 차이가 있는데, 인구가 많은 도시는 적은 금액을 지원해주고 있으며, 인구가 적은 도시는 큰 금액을 지원해 주고 있는데 매년 상향 조정되고 있다.

출산 장려금을 가장 많이 지원하고 있는 지역은 전라남도로 나타나고 있는데, 가장 많은 지원을 해 주는 곳이 영광군으로 첫째 출생은 530만 원, 둘째 1,230만 원, 셋째 1,530만 원, 넷째 2,030만 원, 5~9명부터는 3,030만 원, 10명 이상은 3,530만 원이다.

이런 가운데 저출산을 극복하고 인구를 늘려보겠다는 취지로 추진되고 있는 출산 장려금 효과에 대해서는 많은 논쟁이 있다.

[각 지자체 별 출산 장려금 지원 현황. 2023년 1월 현재]   (단위: 만 원)

지자체 별	첫째	둘째	셋째	넷째	5~9명	10명 이상	비고
경북 경주시	320	520	1,820	1,120	1,120		
경북 영양군	360	540	1,200	2,000			
충남 금산군	500	700	1,000	1,000			
전남 진도군	500	1,000	2,000				
전남 광양시	500	1,000	1,000	1,500			
전남 영광군	530	1,230	1,530	2,030	3,030	3,530	

2023년부터 정부의 첫 만남 이용권 사업이 추진됨에 따라서 기존 출산 장려금을 중복으로 받을 수 있는 자치단체와 받을 수 없는 자치단체 주민들의 희비도 엇갈리고 있다. 저출산 문제는 단순히 출산과 양육 지원만이 아니라 주거, 고용, 교육 등 다양한 요인이 복합적으로 작용하는 만큼 이를 해결하기 위한 보다 다양하고 장기적인 정책이 요구되고 있다고 한다(강원도민일보, 2023. 1. 2).

출산 장려금이 지자체마다 차이가 많아서 혜택을 받고, 못 받는 것에 논란이 있다면 독일이나 캐나다처럼 정부에서 차라리 국립대학교 등록금을 지원해 주는 정책도 바람직한 것으로 판단된다. 또한 국가나 지방자치단체에서는 출산을 할 수 있도록 그 여건과 환경을 마련해 주어야 한다. 노인들에 대한 복지도 중요하지만, 출산과 육아 문제는 국가와 지역의 소멸과 관련이 있기 때문에 더 중요한 것이다. 현재 노인 복지에 대해서는 많이 향상되었지만 출산과 육아 문제는 선진국에 비하며 턱없이 부족하다. 출산과 육아 문제에 대해서는 정부 차원에서 획기적인 결단과 정책이 있어야 할 것으로 본다.

● 늦은 결혼과 불임 증가

1980년대까지만 하여도 남자나 여자 모두 30세가 넘으면 노총각, 노처녀로 인식하고 부모들은 물론이고 주위에서도 걱정들을 많이 하는 분위기였다. 그러나 지금은 20대에 결혼을 하면 왜 그렇게 결혼을 빨리 하느냐고 오히려 이상하게 생각한다.

결혼을 늦게 하는 이유는 취업이나 경제적인 문제 등 복합적으로 작용하고 있지만, 늦게 하는 결혼은 출산율과는 많은 연관성이 있다. 40이 넘어서 결혼을 하는 사람들도 많이 발생하고 있는데, 40대 여성들이 결혼한 후 출산하고 자녀들을 양육하려고 생각하니 자신감이 서지 않는다. 그리고 늦은 나이에 결혼을 하니 아이를 갖고 싶어도 임신이 잘 안 되는 경우도 많다.

20대에 결혼했던 시절에는 결혼하면 곧바로 임신이 되었고 오히려 너무 쉽게 임신이 되어서 걱정했던 시절도 있었다. 20대에는 남녀 모두 체력이 가장 왕성한 시기이니 가능했던 것이다.

　여성들은 출산을 하게 되면 사회생활이 단절될 가능성도 많기 때문에 남편 혼자 벌어서 생활하는 것도 불안한 원인 중에 하나이다. 심지어 최근에는 결혼하기 전에 아이를 갖지 않기로 각서를 쓰고 결혼을 하는 부부도 등장했다.

　임신이 되려면 건강한 정자와 난자가 만나서 수정이 되어야 한다. 충격적인 뉴스는 현재 남성의 정자 수가 옛날에 비하여 많이 줄어들었으며, 정자의 활동도 과거에 비해 활발하지 않다는 것이다. 이런 현상은 환경 호르몬의 영향, 전자파의 노출, 인스턴트식품, 스트레스 등이라고 주장하는 학자들도 있지만, 아직까지 확실한 근거를 발견하지 못하고 있다. 그러니 결혼하여 임신을 하려도 해도 임신이 되지 않는 경우가 점점 늘어나고 있는 것이다. 지난 40년 간 전 세계적으로 남성의 정자 수가 반으로 줄어들었으며, 이런 추세라면 자연 임신은 어려워지고 장래는 의학의 힘을 빌려서 임신을 해야 되는 세상이 온다는 보고서도 있다.

● 여자들의 권익 상승과 피임 방법의 발달

　1970년대까지만 해도 결혼을 하면 남자들이 집안 경제를 책임지고, 여자들은 아이를 출산하고 가정 살림을 책임진다는 역할 구분이 명확하였다. 그때만 해도 국가 경제가 어려웠기 때문에 대학을 졸업한다는 것이 쉽지 않았으며 특히 여자들이 대학을 졸업한다는 것은 더 어려웠다.

　1980년대에 들어서는 경제 사정이 좋아지고 자녀들도 대부분 2명 정도로 출산함으로써 대부분 대학 진학을 할 수 있는 여건이 형성되었다. 여성들의 학력 수준이 높아지고 사회적으로도 남녀 평등의 분위기가 조성됨에 따라 여성들의 사회 활동도 왕성하게 되었다. 더불어 여성들의 권익은 수직 상승되고 남성들은 상대적으로 자신들의 권익이 낮아졌음을 현실적으로 느끼게 되었다. 현대 여성들은 대학을 졸업하고 남성들과 동등한 위치에서 사회적 활동도 왕성하게 함으로써 여성들도 상대적으로 배우자를 선택하는 기준이 높아졌으며, 결혼 시기도 늦어지고 있는 것이 사실이다.

이혼율이 높아지고 있는 것도 여성들의 지위 상승과 연관성이 있다고 볼 수 있다. 이혼은 대부분 여성들이 먼저 제안을 하는데, 과거에는 여성들이 이혼을 하고 싶어도 경제적인 능력이 부족하기 때문에 어쩔 수 없이 결혼 생활을 이어갔지만, 현재는 여성들이 혼자서도 얼마든지 살아갈 수 있는 환경과 여건이 조성되어 있기 때문에 원하지 않은 결혼 생활은 이혼으로 곧바로 연결되고 있다. 여자들의 권익이 높은 국가일수록 출산율은 저하되고, 여자들의 권익이 낮은 국가일수록 출산율이 높다는 보고도 있다. 세계 대부분의 국가가 출산율이 정체되고 있는데, 이슬람 종교를 믿고 있는 국가들만 계속 인구가 늘어나고 있다는 것이다. 이슬람을 믿는 국가의 여성들은 남성들에 비하여 현재도 많은 차별을 받고 있다는 것은 이미 알려져 있는 사실이며, 그들은 지금도 피임을 하지 않은 것으로 알려져 있다.

현대 사회는 과학문명의 발달로 인하여 다양한 피임 방법이 개발되어 있다. 피임 방법이 출산율을 줄인다는 것은 자명한 사실이다. 우리 부모 세대에는 자녀를 더 이상 낳고 싶은 계획이 없어도 그 당시는 피임 방법이 없었기 때문에 낳을 수 있을 때까지 낳았다. 그러나 피임 방법이 개발되고부터는 자녀들을 낳지 않겠다는 사람들이 증가함으로써 국가적으로 큰 위기에 직면하고 있는 것이다.

많은 국가에서도 출산율 저하로 인하여 사회적으로 큰 문제가 되고 있지만, 세계에서 가장 먼저 소멸될 국가가 대한민국이라고 할 정도로 우리나라가 가장 심각한 문제로 대두되고 있다. 1970년대까지만 하여도 둘만 낳아서 잘 기르자는 국가의 정책이 잘못되었음을 이제야 알 것 같다. 예비군 훈련장에서 정관 수술을 받으면 예비군 훈련을 면제해 주었으며, 3번째 자녀부터는 의료보험 혜택을 주지 않았던 것이 우리 세대가 겪었던 이야기이다.

중국도 자녀 1명 낳는 정책을 실시하였지만, 지금은 잘못되었던 정책을 인식하고 시정하려고 해도 국민들이 따르지 않고 있다.

● 딩크족과 싱크족의 증가

딩크족과 싱크족의 증가로 요즘 젊은이들의 가치관이 얼마나 많이 변화되었다는지 알 수 있다. 이들의 증가는 출생률과도 깊은 관계가 있다.

'딩크(DINK: Double Dual Income No Kids)족'이란, 부부가 맞벌이 하면서 아이를 키우지 않는 사람들을 지칭한다. '딩크'라는 말은 1980년대 미국에서 경제적으로 어렵고 사회적으로 변화가 많았을 때 결혼한 사람들에게 나타난 현상이라고 볼 수 있다.

딩크족을 선호하는 부부들의 생각은 아이를 낳지 않으면 양육에 들어가는 비용을 다른 곳에 사용할 수 있으므로 경제적으로 어려움 없이 풍족하게 살 수 있다는 것이다. 또한 부부가 육아의

억압에서 벗어나 마음 놓고 맞벌이를 할 수 있다는 것이다. 이러한 현상은 복잡한 현대 사회를 살아가는 젊은이들의 가치관이 많이 변화되고 있음을 짐작하게 한다.

딩크족은 열심히 일하고 여가 시간을 자녀들에게 구속당하지 않고 원하는 일을 하면서 살겠다는 것이다. 즉, 여가나 취미 활동에 비중을 두며, 자녀로 인한 경제적 부담에서 벗어나겠다는 것이다.

딩크족을 선택하는 것에 좋은 점이라고 생각하는 것은,

첫째, 경제적으로 삶의 여유를 갖는다.

둘째, 문화와 취미생활을 할 수 있다.

셋째, 삶의 구속을 받지 않고 자유롭게 살 수 있다.

넷째, 자녀들로 인하여 내 삶을 희생할 수는 없다.

다섯째, 여성들도 계속 직업을 가질 수 있다.

등이며 딩크족을 선택하는 것에 단점이라고 생각하는 것들은,

첫째, 노후의 외로움 극복 문제

둘째, 부모님과 주위 사람들의 부정적인 시각

셋째, 아이를 통해 얻는 기쁨이 없음

등이다. 실제로 딩크족들이 가장 힘들어하는 부분은 양가의 부모나 주변 사람들의 부정적인 시선도 있다고 생각하지만, 딩크족들은 그러한 부분도 자신들이 감내해야 하는 부분이라고 생각하고 있다.

'싱크족(Single Income No Kids)'이란, 결혼을 한 부부가 맞벌이를 하지 않고 부부 중 한 사람만 경제적인 부분을 책임지는 가족 형태를 말한다. 즉, 남자나 여자 부부 중 한 명이 경제적인 부분을 책임지고 다른 한 사람은 가사를 돌본다는 것이다. 우리나라 전통적인 가족 형태이나, 가장 중요한 부분은 자식을 낳지 않

고 살겠다는 것은 딩크족과 유사하다. 딩크족과 다른 점은 맞벌이 부부가 아닌, 한 사람만 돈을 버는 외벌이 부부라는 점이다.

• 1인 가구의 증가

1인 가구의 증가는 전 세계적인 현상으로 2020년 전 세계 인구 6가구 중 1가구는 1인 가구로 추정되었다(정순희, 2019).

선진국뿐만 아니라 급격하게 경제성장을 이룩하고 있는 중국, 인도, 브라질 등에서도 1인 가구의 증가가 빠르게 나타나고 있어, 이는 사회, 경제적인 발전에 따른 불가피한 사회 구조적인 변화임을 시사하고 있다.

1인 가구의 증가 원인은 무엇일까?

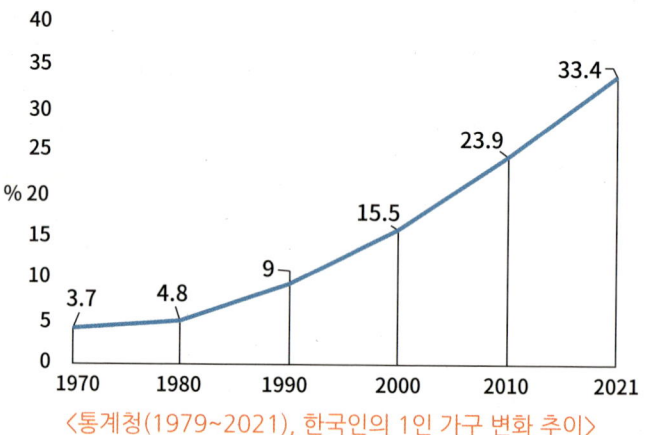

〈통계청(1979~2021), 한국인의 1인 가구 변화 추이〉

미국의 사회학자인 에릭 클라이넨버그(2012)는 경제 발전으로 인한 부의 축적과 복지 국가의 출현으로 사회 보장 제도가 발전함에 따라 1인 가구가 자연스럽게 증가했으며, 개인주의의 확대, 독립성 및 자아실현에 대한 욕구 증대, 여성의 지위 향상, 통신의 발달, 도시화율의 증대, 평균 수명 연장 등과 같은 사회적 변동이

1인 가구의 확산을 가져왔다고 분석했다.

우리나라 또한 가치관의 변화, 여성의 교육 증대 및 사회 진출에 따른 혼인율의 감소와 만혼의 증가, 자녀의 교육과 관련한 기러기 가족의 증가, 이혼과 별거의 증가, 그리고 고령화에 따른 노인 독신 가구의 증가 등에서 그 원인을 찾을 수 있다.

통계청(2022) 자료에 따르면, 2021년 1인 가구는 720만 가구로 4인 이상 가구(400만 가구)의 1.8배인 것으로 나타났다. 전체 가구 중에서 1인 가구가 차지하는 비중은 2000년도 15.5%에서 2010년에는 23.9%, 2021년에는 33.4%로 빠르게 증가하고 있으며, 2030년에는 35.6%에 달할 것으로 추정된다.

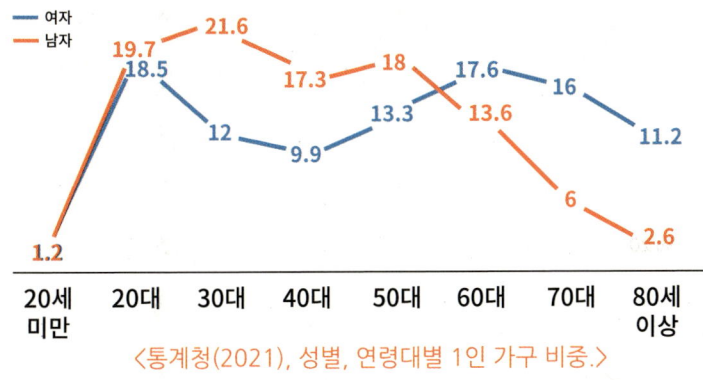

〈통계청(2021), 성별, 연령대별 1인 가구 비중.〉

우리나라에서도 혼자 살아가는 데 편리하도록 주거 문제와 식생활 문제가 많이 개선되고 있다. 그러나 부부가 나이가 많아서 배우자가 사망하고 혼자 사는 것은 어쩔 수 없는 현상이지만, 결혼 적령기가 지났는데도 결혼을 포기하고 혼자 사는 사람들이 증가하는 것은 출생률을 저하시키는 요인이 되기 때문에 국가적으로도 큰 손실이 된다.

● 반려동물의 증가

　반려동물(伴侶動物)이란 사람이 정서적으로 의지하며 함께 살아가는 동물의 총칭을 말한다. 즉, 사람의 곁에서 가족같이 살아가는 동물들이다.

　가장 대표적으로는 강아지와 고양이를 들 수 있다. 함께 사는 강아지를 반려견(伴侶犬)이라고 하며, 고양이를 반려묘(伴侶猫)라고도 부른다.

　반려동물을 키우는 이유를 심리학자들은 정서 함양에 도움을 주기 때문이라고 한다. 반려동물의 체온은 사람보다 1~2도 가량 높기 때문에 안으면 따뜻할 뿐만 아니라 포근한 털이 있어서 접촉하는 것만으로도 정서적으로 도움을 주기 때문이다.

　우리나라도 고령화와 미혼 인구의 증가 현상은 이러한 추세를 더욱 가속화할 것으로 본다.

　농림식품부에 따르면 우리나라는 2015년 기준으로 반려동물 보유 가구 수가 457만에 이르는데, 이는 전체 가구의 21.8%에 해당되는 것으로 다섯 가구 중 한 가정에서 반려동물을 키우고 있다고 하였다.

　반려동물이 이렇게 늘어나는 이유로는 고령화와 미혼 인구의 증가 현상으로 보고 있다. 미혼자들이 반려동물로 인하여 결혼을 하지 않은 것은 아니겠지만, 반려동물을 가족이나 자식이라고 생각하며 살아가는 미혼자들에게는 혼자 사는 외로움을 달래주기 때문에 결혼에 대한 반감을 해소하는 데 도움이 될 수 있다. 또한 결혼을 한 부부 중에는 자녀를 양육하는 것에 큰 부담을 갖고, 자녀를 양육하는 대신 반려동물을 자식이라고 생각하고 키우다 보면 꼭 자식을 낳아서 키워야겠다는 생각이 사라져 버리는 경우도 있다. 이런 부부들은 반려동물에게 예쁜 옷도 입혀주고 입양했던 날이라든지 특별한 날에는 축하 파티도 해 줌으로써 실제로 자식에게 해 줄 수 있는 정성을 마음껏 쏟고 살아간다.

• 동성애자들의 증가

'동성애'는 인류의 시작부터 존재해 왔으나, 19세기 말부터 동성애자의 가시화, 인정 및 법적 권리를 향한 전 세계적인 변화가 생기기 시작했다. '동성애자'에 대한 사회적 인식은 시대와 문화에 따라 달라지고 있으나, 과거에나 현재에도 고운 시선으로 바라보지는 않고 있다.

드러내 놓고 표현을 하지 않는 경우가 많으므로 동성애자들의 정확한 숫자를 파악하기란 쉽지가 않다.

우리나라는 예전부터 유교 사상의 영향으로 성 문제에 있어서는 폐쇄적이었으므로 누군가 동성애의 감정을 느끼고 있다고 하여도 아무 말도 못하고 억제하고 살 수밖에 없었다.

우리나라도 서구의 영향을 받아서 이제는 본인이 '동성애자'라고 떳떳이 밝히고 살아가는 사람들도 늘어나고 있다. 동성애자가 아닌 사람들은 동성애자들의 입장을 이해할 수는 없지만, 그렇다고 동성애자들을 멀리하거나 비난하는 태도는 올바른 방법이 아니다.

미국은 2022년 12월, 성별이 같은 두 사람의 동성 결혼을 전국적으로 인정하도록 하는 법안이 상원에 이어 하원을 통과하여 의회, 입법 절차를 마쳤다. 바이든 대통령도 법안이 넘어오는 즉시 서명하겠다는 입장이라고 발표하였다.

우리나라도 '동성애차별금지법'을 법제화해야 된다고 주장하는 단체들이 있지만, 기독교계를 비롯한 많은 단체들이 이 법을 통과하지 못하도록 적극적으로 제지하고 있다.

한국갤럽이 2001년부터 동성 결혼 법제화에 대하여 조사해오고 있다.

2021년 전국 만 18세 이상 1,001명을 대상으로 동성 결혼 법제화에 대한 생각을 조사한 결과 찬성 38%, 반대 52%, 의견 유보 11% 등으로 나타났는데, 시대가 지날수록 찬성과 반대의 의결이 계속 좁아지고 있다.

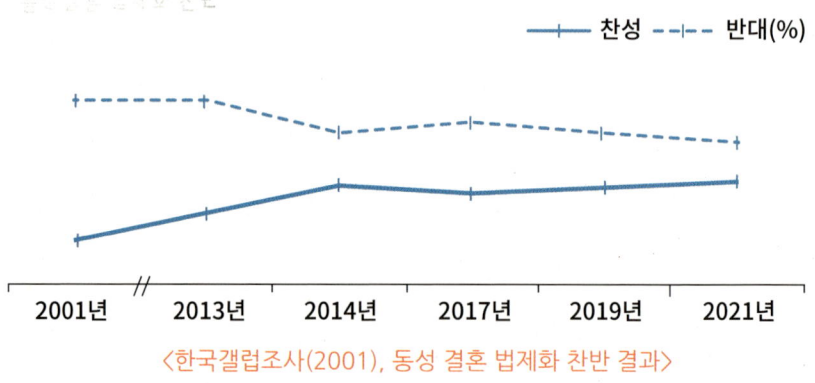

〈한국갤럽조사(2001), 동성 결혼 법제화 찬반 결과〉

우리나라와 일본을 제외한 대부분의 OECD 국가는 현재 동성 결혼을 인정하고 있다. 동성애와 관련된 유사한 용어가 많이 사용하고 있는데, 구분하면 다음과 같다.

'동성애자'란 자신과 같은 성별인 동성인 사람에게 성적으로 끌리는 사람을 말한다. 즉, 같은 성을 가진 사람을 사랑하는 사람들을 말한다. 자신의 성별이 남자인데 같은 남자에게, 자신의 성별이 여자인데 여자에게 성적으로 끌리는 사람들을 말한다.

'양성애자'란 동성이나 이성 모두 성적으로 끌리는 사람을 말한다. 즉 자신의 성별이 남자인데 남자와 여자 모두에게 성적으로 끌리는 사람을 의미한다.

'레즈비언'이란 여성 동성애자를 일컫는 말이다. 즉, 여성이 같은 여성 간에 성적인 애정 또는 감정을 느끼는 사람을 말한다.

'게이'란 남성 동성애자를 말한다. 즉, 남성이 같은 남성 간에 성적인 애정 또는 감정을 느끼는 사람들을 말한다.

'트랜스젠더'란 신체적인 성별과 자신이 인식하는 성별(젠더)이 일치하지 않는 사람 즉, 남성의 신체를 가진 사람이 스스로를 여성이라고 인식하거나, 여성의 신체를 가진 사람이 스스로 남성이라고 인식하는 경우를 뜻한다.

세계적으로 동성애자들이 늘어나고 있는데, 동성애자들이 증가하고 있다는 것은 출산율 저하와 상관이 많으므로 국가적으로는 큰 손실이다.

동성애자들은 유전적으로 타고나는 것보다는 후천적으로 환경적인 요인이 많이 작용한다고 주장하는 사람들이 많다. 가능한 자연의 법칙에 따라서 남자와 여자가 만나서 이성 간에 사랑하고 결혼하여 자식을 낳고 양육하면서 행복한 가정을 이루고 살아가는 사람들이 많은 사회일수록 건강한 사회, 건강한 국가가 된다는 것을 잊어서는 안 된다.

◈ 한국, 지구상에서 가장 먼저 사라질 자연 소멸국 1호

합계 출산율은 한 여자가 가임 기간에 낳을 것으로 기대되는 평균 출생아 수를 말한다.

통계청 자료에 의하면 2022년도 우리나라 합계 출산율은 0.78명, 2021년에는 0.81명으로 2020년 0.84에 비하여 계속 낮아지고 있다. 이러한 통계는 198개국 중 198위로 3년 연속 세계에서 꼴찌이며, 세계에서 유일하게 1명 미만인 국가이며 그리고 OECD 평균 1.59명의 절반 수준이다. 전 세계가 우리나라를 걱정하는 실정이며, 지구상에서 가장 먼저 사라질 '자연 소멸국 1호'로 한국을 예상하고 있다.

• **국내 출산율**

통계청에 수록되기 시작한 1970년부터 최근까지 합계 출산율을 살펴보면 1970년 4.53명, 1984년 1.74명으로 점차 감소하는 추세를 보이다가, 2018년에 0.97명으로 처음 1명대가 깨졌고, 2021년에는 합계 출산율 0.81명, 2022년에는 0.78명을 기록했다.

출생아 수는 1970년 100만 명에서 1984년 67만 명대로 떨어졌고, 2002년에는 30여 년 전의 절반 수준인 49만 명까지 줄어들었다. 최근 조사인 2021년에는 26만 명, 2022년에는 24만 9천 명으로 집계돼, 출생아 수는 51년 만에 4분의 1 수준으로 감소했다.

UN에서는 합계 출산율 2.1명 이하를 '저출산 국가'로, 1.3명 이하를 '초저출산 국가'로 정의하고 있는데, 우리나라는 1983년에 저출산 국가로, 2002년도에는 '초저출산 국가'로 분류되었다.

<통계청(2021), 합계 출산율 추이>

• 인구 자연 감소의 시작

출생자 수에 비하여 사망자 수가 증가함으로써 인구의 자연 감소가 시작되고 있다. 사망자 수가 2019년에는 29만 5,110명(천 명당 5.7명)으로 나타났으며, 2020년에는 처음으로 30만 명대(30만 4,948명)를 기록했다.

2020년에는 사망자와 출생아 수가 역전되는 데드 크로스(dead cross) 현상이 나타나 인구 자연 감소의 시작을 알렸다. 당시 출생아는 27만 2,000명이었지만, 사망자는 30만 5,100명을 기록해 최초로 자연 감소가 발생하였다. 2021년은 사망자 수가 전년 대비 1만 2,732명 많은 31만 7,680명(천 명당 6.2명)으로 집계됐다.

통계청이 발표한 2022년부터 11월까지 자연 감소 인구는 1만 1,125명으로 나타났다.

• 출산율 OECD 회원국 중 꼴찌

　OECD 출산율 데이터에 따르면 2020년 기준 OECD 평균 출산율은 1.59명이었다. 하지만 대한민국은 2022년에는 0.78명으로 나타났다. 아울러 대한민국은 회원국 중 유일하게 출산율이 1명대 아래로 떨어진 국가이며, 2004년부터 16년 동안 출산율 최하위라는 불명예도 기록하였다. 이렇게 단시간에 출산율 저하와 초고령화가 지속된 국가는 전례를 찾아 볼 수가 없다면서 대한민국이 다른 나라에게 연구 대상이 되고 있다고 한다.

• 늘어나는 지방자치단체의 소멸 지역

　인구 감소가 가속화되면서 정부 차원의 예측과 대응도 이어지고 있다. 행정안전부는 지난 2021년 6월 '국가균형발전 특별법' 시행령을 개정하고, 같은 해 10월 인구 감소 지역 89곳을 지정해 발표했다. 인구 감소 지역에 포함된 지역은 경상도가 27곳, 전라도가 26곳에 해당하였으며, 수도권에서도 4곳이 해당되었다.

　감사원이 2021년 7월 발행한 '인구 구조 변화 대응 실태' 감사 보고서에서는 상황이 더 심각했다. 30년 뒤인 2047년에 국내 인구는 4,771만 명, 2067년에는 3,689만 명으로 감소하다가, 2117년에는 2017년 대비 70.6%가 줄어든 1,510만 명까지 떨어질 것으로 전망됐다.

　감사원은 또 지방 소멸 위험이 어느 정도 증가하는지를 알아보기 위해 현 수준의 초저출산 상황이 지속할 경우를 가정해 통계청이 작성한 229개 시·군·구별 장래 인구 추계를 바탕으로 소멸 위험을 예측했다. 이에 따르면 2017년 기준 소멸 위험 단계에 진입한 지자체는 83곳이었으며, 이중 고위험 단계는 12개 지역이었다. 하지만 30년 후인 2047년에는 모든 시·군·구가 소멸 위험 단계에 포함돼 인구학적 쇠퇴 위험 단계에 들어갈 것으로 나타났다.

내가 살고 있는 강원도 삼척시만 해도 출생률은 줄어들고, 노인들은 늘어나고 있다. 따라서 인구 감소율은 매년 줄어들고 있으므로 인구를 증가시키기 위하여 지역 국회위원과 시장을 중심으로 다양한 정책을 수립하고 있는 실정이다.

[삼척시 인구 현황(1월말 기준)]

구분	2019년	2020년	2021년	2022년	2023년
전체	68,057	66,806	64,946	63,458	63,202
0세	341	349	331	279	284
65세 이상	15,566	16,045	16,577	16,973	17,460
노인(%)	22.8	24	25	26.7	27.6

4

노인들의 특성

　젊은 사람들도 노인들의 특성을 이해하면 노인들에 대한 이해심도 높아질 뿐만 아니라 자신의 미래를 사전에 예측할 수 있는 지혜도 생겨난다. 마음은 이팔청춘 그대로인데 겉모습은 남들 보기에는 노인으로 보이는 것이 노인들에는 무척 부자연스럽고 어색한 것이다. 나도 법적으로 처음에 노인이 되었을 때는 황당하고 실감도 나지 않았다.
　옛 어른들 말씀이 이제는 실감이 난다. 나이가 80~90세가 넘어도 마음은 항상 청춘이라고….
　기차역에서 어떤 나이가 많은 노인이 역무원에게 어른 1명과 아이 1명 표를 달라고 하였는데, 역무원이 아무리 보아도 아이가 보이지 않기에 아이는 어디 있느냐고 물어보니 저기 앉아 있는 아이가 우리 아이라고 했다는 웃지 못 할 이야기도 있다. 80대 아버지에게는 60대 아들이 아이로 보였기 때문이다.
　누구나 경험하는 것 중의 하나가 첫 손주가 태어나고 말을 배워서 처음으로 '할아버지' 하면 처음에는 듣기가 부자연스럽고 기분도 이상하다. 그러나 조금 시간이 지나면 자연스러워지고 정답게 들린다. 자신도 모르게 서서히 노인으로 받아들여지는 것이다.

오히려 친구들은 손주가 태어나서 손주 자랑을 하는데, 노인이 되었는데도 아직 자식들이 결혼도 하지 않고 있으면 은근히 질투가 나기도 하는 것이 노인들의 심정이다.

자식들이 결혼하여 손주를 부모님께 안겨드리는 것도 효도하는 방법 중의 하나가 된다.

우리들 세대는 자식들이 태어나도 형편이 어려웠기 때문에 먹고 사는 것에 관심을 두다 보니 자식들이 태어나도 자식들이 소중하다는 것을 모르고 살았는데, 이제는 손주가 태어나니 자식들보다는 손주들이 더 사랑스럽고 소중하게 느껴지는 것이 우리 시대 노인들의 특성이다.

◈ **노인들의 신체적 특성**

노년기에는 여러 가지 신체적 노화 현상이 나타난다.

신체적 노화 현상 중에는 바깥으로 드러나는 현상도 있고, 신체 내부에서 눈에 띄지 않게 진행되는 노화도 있다. 노년기에는 노인성 질환이 급증하고, 회복이 늦으며, 합병증을 동반하기가 쉽고 질병의 증상이 정형적이지도 않다.

노인들은 나이가 들면 허리가 굽고 순발력과 민첩성이 부족하여 동작이 어눌해지는 것은 어쩔 수 없는 현상들이다.

• 체력

남자는 25세, 여자는 20세 전후에 체격이나 체력이 가장 왕성한 시기이지만 30세가 넘으면 조금씩 저하되다가 40대에 접어들면 눈에 띄게 저하된다. 그래서 체력을 잘 관리하는 운동선수들도 40세가 넘으면 대부분 은퇴를 하게 된다. 남자나 여자나 자신의 체력이 가장 왕성한 나이가 지나면 1년에 1%씩 체력이 떨어진다고 생각하면 된다.

특히 근력이 급격하게 떨어지는데, 나이 많은 골퍼들이 아무리 용을 써도 비거리가 나지 않은 경우는 어쩔 수 없는 현상이다. 노인들은 민첩성과 순발력이 급격하게 저하되어서 동작이 느려진다. 하체 근육이 약화되어서 잘 넘어지기도 한다.

나이가 들어서 건강이 좋지 못하면 문지방 턱을 넘기조차 힘들어지므로 노인들이 거주하는 곳에는 문지방 턱을 설치하지 않는데, 그 이유를 젊은이들이 어찌 이해를 하겠는가?

• 외모

노년기에 접어들면 신장도 줄어드는데, 심할 경우 2cm 이상 줄어드는 사람도 있다. 등뼈가 굽기도 하고, 팔과 다리, 얼굴 상부의 지방은 감소한다.

머리카락 수는 줄어들고 회색으로 변하며, 얼굴 피부도 탄력이 줄어들고 건조하면서 주름살이 늘어난다. 사마귀와 기미와 같은 노화 반점이 나타나며, 눈 주위의 피부가 처지고, 얼굴엔 깊은 주름이 잡힌다. 얼굴에 주름살이 많고 깊게 패인 것도 오랫동안 열심히 살아온 훈장이라고 생각하면 위로가 된다.

외모의 변화가 일어나는 시기와 양상은 개인에 따라서 큰 차이가 있지만, 영양 섭취와 운동량 그리고 유전적 요인 등이 노인들의 외모 변화에 영향을 미치는 중요한 요인들이다.

60대가 접어들면 사람에 따라 차이는 있지만 특별히 목 위의 부분에 문제가 발생하기 시작한다. 시력이 나빠지기 시작하여 글자를 보려면 돋보기를 착용하여야 하고, 시력은 문제가 없어도 눈이 침침하여 안과에 가 보면 노안이라 하여 안약만 처방해 준다.

귀도 잘 들리지 않으므로 보청기를 하는 사람들도 늘어난다. 치아도 문제가 생기기 시작한다. 이러한 사실들은 노화에 따른 자연스러운 현상으로 노인들은 짜증을 낼 것이 아니라 자연스러운 현상이므로 받아들여야 한다.

• 건강 상태

연령 증가와 함께 생리적 기능의 감소는 질병에 노출될 가능성이 높아진다. 노인이 되면 한 가지 이상 신체적 질병을 안고 살아가는데, 심한 경우에는 집이 마치 이동식 약국인 양 매일 많은 양의 약을 쌓아놓고 복용하는 노인들도 많다.

연령 증가와 함께 심장 혈관 관계의 효율성이 감소하고 허파, 신장, 간, 그리고 신경계의 활동 등 신체 전반의 활동이 저하된다.

질병에 노출될 가능성은 65세가 지나면 급격히 증가한다. 실제로 노인의 70% 정도가 하나 이상의 만성적인 질환들을 앓고 있는데, 보편적으로 복합적인 질환들을 갖고 있다.

특히 심장병, 당뇨병, 관절염, 고혈압, 신경통 등은 노년기에 흔히 존재하는 만성 질환이며 노인들 사망의 주요한 요인이 되고 있다. 혈압 약은 가장 많이 복용하고 있는데, 한 번 복용하면 평생 복용하라고 의사들은 권유한다.

위장 기능도 감퇴하고 위산도 줄어들며, 소화 효소의 활성도 떨어지게 된다. 동맥의 탄력성도 감퇴되어 동맥경화나 심장병이 일어나기 쉽고, 노화가 진행되면 뼈의 칼슘 양이 감소되어 골다증의 발생 빈도가 증가하는데, 특히 폐경 후의 여성들에게 많이 발생한다. 특히 흡연하는 여성들과 골다공증의 가족력을 가지고 있는 여성들은 골다공증에 걸릴 가능성이 많으므로 특별히 유의해야 한다.

파킨슨병도 대뇌의 신경 전달 물질인 도파민의 결핍에 기인된 것으로 60세 이후의 노인들에게 흔히 나타나는 질환 중의 하나이다. 뇌경색이나 뇌출혈 그리고 뇌에 이상이 발생하여 치매나 알츠하이머, 파킨슨병 등도 발생한다. 아무리 100세 시대라고 하지만 치매나 알츠하이머, 파킨슨병에 걸려서 정상적인 생활을 못 하면서 오래 장수하는 것은 본인이나 가족들 모두 고통스러울 뿐만 아니라 진정한 삶의 의미도 없는 것이다.

인체 척주는 경추(목뼈), 흉추(등뼈), 요추(허리뼈), 미추(꼬리뼈) 등으로 구성되어 있는데 노인들이 가장 많은 문제가 발생하는 부위가 요추(허리뼈)이다. 허리를 움직이는 중심축이 요추인데 너무 많이 사용하거나 잘못 사용하면 디스크나 협착증이 발생할 확률이 높아진다.

디스크(추간판)는 척추의 뼈와 뼈 사이에 있는 탄력적인 추간 조직을 말하며 내부는 부드러운 수핵으로 되어 있고 겉은 단단한 섬유륜으로 쌓여있다. 디스크는 척추 사이 추간원판의 탄력성 있는 중심부, 즉 수질핵이 척추골 사이에서 미끄러져 나와 척수를 압박하는 현상으로 '추간원판탈출증'이라고 한다. 특히 심한 운동이나 심한 노동을 한 후에는 굳어 있는 허리를 잘 풀어 주어야 하는데 풀어 주지도 않은 상태에서 매일 같은 동작이 계속 반복되면 디스크에 문제가 발생하기 쉽다. 젊었을 때 심한 운동이나 심한 노동을 했던 노인들은 연골이 닳아서 허리 디스크나 협착증으로 고생하는 경우도 많다.

'협착증'이란 대부분 허리(요추부)에서 많이 발생하는데, 허리에 발생하는 것을 '척추관 협착증'이라고 한다.

다리가 저리고 근육이 당겨지는 이유는 다리보다는 요추부에 문제가 있기 때문이다. 일반 동물은 네발로 걸어다니기 때문에 허리에 문제가 발생되지 않지만, 사람은 두 발로 걸어다니기 때문에 항상 허리에 문제가 발생할 소지를 안고 산다. 평생 허리에 고장이 한 번도 나지 않고 살아가는 사람이 신기할 정도이다.

하루 일과를 마치고 잠자리에 들기 전에 신장을 측정해 보면 아침에 일어날 때보다는 키 차이가 난다. 하루 종일 걷고 움직이다 보면 척추가 똑바르지 않고 약간 어긋나 있다고 보면 된다. 그러나 인체는 신기하게도 밤에 숙면을 취하면 관절이 늘어나서 제자리로 되돌아간다.

아침에 일어나서 신장을 측정해 보면 하루 중 가장 키가 크게 나타나는데, 이것은 관절이 늘어나 있다는 증거이다. 아침에 일어나서 새벽에 무리한 운동을 하거나 무거운 물건을 들게 되면 허리를 다칠 가능성이 많은데, 관절이 늘어난 상태이기 때문이다. 근육과 관절이 이완되어 약한 상태에서 무리한 힘을 가하기 때문에 문제가 발생하기 쉬운 것이다.

잠을 잘 때는 허리를 따뜻하게 해 주면 근육과 관절을 이완시키는 데 많은 도움이 된다. 따뜻한 곳에서 자고 일어나면 허리가 부드럽고 가벼운 것은 위와 같은 이유에서이다. 반대로 차가운 곳에서 자고 일어나면 몸이 무겁고 개운하지 않다. 그러므로 허리가 좋지 않은 사람은 아무리 무더운 여름철에도 차가운 바닥에서 잠자는 것을 금해야 한다.

◆ **노인들의 행동적, 습관적 특성**

사람은 누구나 나이가 들면 노인이 된다.

젊은 사람들도 언젠가는 세월이 지나면 노인이 된다는 것은 분명한 사실이다. 젊은 사람들은 노인의 행동에 대해서 이해를 못하는 경우가 많다.

나도 젊었을 때는 그랬다. 나는 언제나 새벽 4시 30분에 알람을 맞추어 놓고 잠을 잔다. 그리고 곧바로 일어나 교회에 가서 새벽 예배에 참가하는 것이 습관처럼 되어 있다. 그러나 토요일과 주일은 새벽 예배가 없기 때문에 알람을 끄고 잠이 들어도 습관이 되어서 그런지 새벽 그 시간에는 대부분 잠에서 깨어난다. 그 시간에는 아무리 잠을 청해도 더 이상 잠이 오지 않는 것이다. 그래서 그 시간에 일어나 책을 보다가 졸음이 오면 다시 잠자리에 들어서 조금 더 잠을 잔다. 습관이란 한 번 형성되면 고치기가 쉽지 않다.

생각이 바뀌면, 습관이 바뀌고, 습관이 바뀌면 행동이 바뀌고, 행동이 바뀌면 인생이 바뀐다고 하였다. 그만큼 생각과 습관이 중요한데, 중요한 것은 습관이 올바른 방향으로 바뀌어야 한다는 것이다. 그러나 나쁜 방향으로 생각과 습관이 잘못 형성되면 그것을 바꾸기가 쉽지 않다.

젊었을 때 술과 담배를 좋아하던 사람은 노인이 되어서 그것을 중단하려고 해도 쉽지 않다. 그러므로 젊었을 때 좋은 행동과 습관을 길러야 한다.

노인이 되면 남자나 여자 모두 소변을 자주 보게 되는데, 소변을 보고 난 이후에도 시원하지가 않다. 남자들은 전립선이 비대하여져서 소변을 자주 보게 되며, 소변 조절도 어렵다. 갑자기 소변이 마려우면 조절이 안 되기 때문에 참기가 어렵고, 소변도 약하게 나와서 소변을 본 후에도 시원하지가 않다. 또한 소변을 보려고 해도 소변이 나오지 않아서 한참 동안 서 있는 노인들도 있다.

여자들도 출산할 때 골반 근육이 무너지고 방광과 요도의 위치가 틀어지는 등 출산 과정을 겪으면서 잘못 형성된 후유증들로 인하여 노인이 되면 요실금으로 고생하는 사람들도 많다.

남자들은 전립선 비대증으로 인하여 소변을 보는데 어려움을 겪는 반면, 여자들은 요실금으로 고생하는 정도가 남자들보다 더 심하다. 요실금이 심하면 본인도 모르는 사이에 소변을 보게 되며, 웃을 때도, 재채기를 할 때도 소변이 저절로 나온다. 그래서 요실금이 심한 여성들은 수치심으로 인하여 사회활동에 많은 위축이 된다. 증상이 심할 때는 부끄럽다고 방치하지 말고 치료를 통하여 증상을 완화할 수 있으니 병원에 내원하여 적극적으로 치료를 받아야 한다.

나도 노인대학 학장으로 봉사하면서 나도 노인이지만, 노인들을 통하여 많은 것을 배우고 느끼게 된다.

노인대학 강의 시간에 노인들이 화장실 가시는 것은 언제나 허용해야 한다. 소풍이나 수학여행을 가면 버스로 이동하게 되는데 휴게소가 나오면 가능한 화장실을 많이 가실 수 있도록 배려해 드려야 한다. 화장실에서 볼일 보는 시간도 넉넉히 드려야 하며, 인원 점검도 철저히 해야 한다. 노인들의 이러한 특성을 젊은이들이 어찌 이해를 하겠는가?

노인대학에서 강의를 할 때나, 노인 복지관에서 컴퓨터 교육을 수강할 때는 계속 울리는 핸드폰 소리로 인하여 강의를 하는 자나, 수강을 하는 사람들이나 모두 어려움을 겪는 경우가 많다. 연속으로 울려대는 핸드폰 신호 소리에 강의가 중단되는 경우가 허다하다. 처음에는 강의를 시작하기 전에 핸드폰을 진동으로 전환하거나, 잠시 꺼 달라고 강사들은 양해를 구하다가도 나중에는 아예 포기를 한다. 후에 알았던 사실이지만, 대부분의 노인들은 진동으로 전환을 하는 방법을 모르는 경우가 많으며, 방법을 알려 주어도 곧바로 잊어버리는 경우가 많다.

본인한테 전화가 걸려 와도 인지를 못하는 경우가 많은데, 옆에서 알려주면 그때야 알아차리고 전화를 받지만, 전화를 직접 받는 속도도 느려서 시간이 오래 걸리며 통화 시간도 길어진다. 강의 중에 전화가 걸려오면 상대방에게 양해를 구하고 간단하게 통화하고 끊든지, 아니면 밖에 나가서 받으시든지 하면 되는데, 그 자리에서 끝까지 통화를 하는 경우도 많다.

강의가 중단되고 통화가 끝날 때까지 모든 사람들이 전화 내용을 본의 아니게 모두 다 듣게 되는데, 급한 내용도 아닌 일상적인 내용들이다. 통화가 끝나도 주위 사람들에게 특별히 미안한 기색도 없다. 다행히도 노인들은 이러한 습관이나 행동들을 서로 잘 알고 있기 때문에 서로 이해를 해주고 있으니 다행이다.

◆ 노인들의 심리적 특성

노년기의 성격 변화에 대해서는 연속성과 안정성을 유지한다는 주장과 변화한다는 주장이 동시에 제기되고 있다

정서적 감정 표현 능력은 노년기에 이르게 되면 저하된다. 정서적 감정 표현 능력의 저하는 연령의 증가에 의한 것이라기보다는 사회 문화적으로 감정 표현을 억제하는 것이라고 하며, 사회적 압력에 순응한 결과라고 할 수 있다

노인들의 심리적 특성은 다음과 같은 내용으로 이해할 수 있다.

• 우울증 경향의 증가

일반적으로 노인이 되면 우울증의 정도가 높아진다.

노인들의 우울증이 심해지는 원인으로는 각종 신체적 질병, 배우자의 죽음, 경제 사정의 약화, 사회와 가족들로부터의 고립, 일상생활에 대한 자기 통제의 불가능, 지나온 세월에 대한 심한 스트레스 등이 그 원인으로 분석되고 있다. 그러나 우울 정도는 적응 능력 수준에 따라 그 정도가 다르게 나타난다. 우울증의 증상으로는 체중 감소, 강박 관념, 증오심, 심할 경우 자살 등으로 이어지는 경우도 있다.

• 내향성 및 수동성의 증가

노인들은 노화에 따라서 사물의 판단과 활동 방향을 외부보다는 내부로 돌리는 경향이 많으며, 자기 자신의 사고나 감정에 의해 사물을 판단하는 경향이 많다. 즉, 남의 이야기를 잘 듣지 않고 그리고 자신의 주장을 강하게 내세우지도 못하고, 새로운 도전을 시도하지도 않는다.

문제 해결 방식도 적극적, 능동적으로 해결하려는 경향은 약해지고, 누군가의 도움을 받아서 수동적으로 해결하려는 경향이 많아진다(귀가 얇아진다). 따라서 건강식품 등을 판매하는 사기꾼들에게 잘 속으며, 사이비 종교에 쉽게 빠지기도 한다.

• 성 역할 지각의 변화

노인이 되면 지금까지 자기에게 억제되었던 성 역할 방향으로 성격이 바뀌어 간다. 그리하여 나이가 많아질수록 남자는 친밀

성, 가족 동기가 더 강해지고, 여자는 공격성, 자기중심적, 권위적 동기가 더 증가한다. 즉, 남자는 성격이 여성화되어가고, 여자는 남성화가 되어감으로써 남녀 모두 노년기에는 양성화되어간다고 할 수 있다.

• 경직성의 증가

경직성은 융통성과는 반대로 어떤 태도나 의견, 문제 해결에 있어 그 방법이나 행동이 옳지 않거나 이득이 없음에도 불구하고 자기가 지금까지 해 오던 안전한 방법을 고집하며 계속하는 행동 경향을 말한다.

• 친근한 사물에 대한 애착심

노인은 자신이 오랫동안 사용해 온 가재도구나 사진 등 친숙한 물건들에 대하여 애착심이 증가한다. 이는 자신의 과거를 회상하고 마음의 안락을 찾으며 비록 주변 세상과 세월은 변했어도 자신의 주변은 변하지 않는 것으로 생각하려는 경향이다.

노인들은 이사를 싫어하며, 사용하지 않은 물건도 버리지 않는다. 심지어 시집올 때 가져온 옷과 이불 등을 사용하지도 않으면서 계속 보관한다.

• 의존성의 증가

경제적 능력이 부족한 노인들은 삶을 영위하기 위해서는 경제적으로 의존할 수밖에 없다. 신체적으로도 기능이 약화되고, 기억 및 판단력도 감소되어서 자식이나 주위 사람들에게 의존할 수

밖에 없는 실정이다. 젊은 사람들도 언젠가는 노인이 된다. 노인이 되어서 노후 대책을 잘 세워 놓았으면 다행이지만 그렇지 못할 경우에는 어딘가에 의존할 수밖에 없다.

◆ 노인들의 지적 능력 변화

지적·정서적 능력은 아동기에 가장 왕성하다. 그래서 아동기에 조기 교육을 시키면 학습 능력이 향상되고, 아동기에 형성된 정서는 인생 전체의 삶에 영향을 미친다.

우리 속담에 '세 살 버릇이 여든까지 간다'는 속담이 있다. 학부모들은 조기 교육의 중요성을 강조하여 어린이집이나 유치원 등 조기 교육에 정성을 쏟는다. 그러나 지적 능력에만 관심이 많고 정서적 능력은 방치해 둔다면 원만한 성격이 형성되지 못하여 성인이 되어도 사회생활에 어려움을 겪을 수도 있다.

노인이 되면 지적·정서적 능력이 쇠퇴하는 것은 어쩔 수 없는 사실이다. 노년기에 지적 능력에 영향을 주는 요인으로는 교육 수준이나 직업 수준, 불안 수준, 건강 상태, 생활양식에 따라서 다르게 나타난다.

일반적으로 교육 수준이나 직업 수준이 높으면 지적 능력이 높게 나타나며, 불안 수준이 높거나 건강 상태가 좋지 못하면 지적 능력도 저하된다.

• 지능

  노인들은 일반적으로 연령 증가에 따라 지능이 저하되는 것은 사실이다. 그러나 지능의 변화는 노화에 따라 일률적으로 쇠퇴하기보다는 교육 수준, 사회 경제적 지위, 건강 상태 등의 요인에 따라서 다르게 나타날 수도 있다.

  노인들도 읽기와 쓰기 등을 계속하면 쇠퇴하는 지능의 속도를 줄일 수도 있다.

• 기억력

  기억력은 유아기에서 아동기에 걸쳐 급속히 증가하다가 그 후 점차 증가의 속도가 줄어들며, 청년기에 정점을 달하다가 노년기에 접어들면서 서서히 감퇴한다. 노년기에는 누구나 건망증 증세를 경험하게 되며, 심하면 치매로 고생하게 된다.

• 학습 능력

  학습 과정을 통한 능력의 성취도 면에서 노인은 젊은이들보다 떨어지는 것은 어쩔 수 없는 일이다. 시력도 떨어지고, 눈도 침침하고, 집중력도 떨어짐으로써 책을 읽고 쓰는 것도 불편하여 책을 가까이 하기에는 어려움이 많다. 그러나 학습 재료가 재미있고, 동기가 충분하면 젊은이들과의 차이가 줄어든다.

• 심리적 위축

  노인이 되면 어린아이 같아진다는 말이 있듯이, 심리적으로도 위축되며 자신감도 떨어진다.

◈ 노인들의 성욕 기능

성은 개인과 사회의 상호 관계를 통하여 이루어지는 것이므로 우리는 성적 만족, 성적 건강, 성적 권리 및 성적 행복 등을 추구할 권리가 있다. 그러나 노인들의 성 생활에 대한 부정적인 편견과 부정적인 인식은 노인들의 성에 대한 행복권을 송두리째 빼앗고 있다.

노인들의 아름답고 건강한 삶에는 성이 있다. 내놓고 이야기는 하지 못하면서 뒤에서 수군거리는 것이 아닌 인간의 3대 욕구 중 하나인 성이 건강한 노년에도 반드시 필요하다. 남자와 여자의 성에 대한 욕구 변화의 차이가 존재하고 그리고 배우자의 거부와 부재 등으로 인하여 노인들은 욕구를 채울 수가 없는 경우가 많다.

최근의 보도에 의하면 노인들의 성폭행 범죄가 계속 늘어나고 있으며 성 범죄도 계속 증가하고 있는 실정이다. 또한 최근에는 노인을 상대로 성매매가 문제시되고 있으며, 노인을 대상으로 결혼을 빙자하여 노인의 재산을 노림으로서 사회적으로나 법적으로까지 문제가 확산되는 경우가 많이 발생하고 있다.

노인들의 이혼과 재혼율이 급증하고 있는 것도 같은 맥락이다. 본능적인 욕구를 발산하지 못하면 다른 방법을 찾는 것이 인간의 본능인데, 이제는 우리 사회도 이러한 문제들을 방관하고만 있을 때가 아닌 것 같다. 우리나라는 사회의 특성상 유교적 전통과 함께 '노인이 주책이다', '노망이다' 등으로 무시해 버리는 것이 대부분이다.

우리 모두도 나이가 먹으면 누구나 노인이 된다. 결국 남의 이야기만은 아니다. 노인들의 이성 교제나 성 생활에 대한 인식을 새롭게 조명해 볼 필요가 있는 것이다.

　노년기에 이르면 사람들은 성욕이 사라질 것으로 생각한다. 일반적으로 사회는 젊은 사람들의 성욕을 격려하는 반면, 노인들의 성욕은 인정하지 않으려고 한다.

　노인이라고 해서 성적 활동이 완전히 사라지는 것은 아니다. 여성들은 50세가 넘으면 갱년기로 인하여 생식 기능이 저하되고, 성호르몬의 생성도 유의하게 감소된다. 그러므로 섹스를 하게 되면 질이 건조하여 통증을 유발하므로 기피하게 된다.

　남성의 경우에도 성호르몬의 생성은 감소하지만, 생식 능력이 완전히 사라지지 않는다는 점에서 여성들과 차이가 있다. 남성들은 사람에 따라서 차이는 있지만 노년이 되어도 왕성한 성욕을 유지하는 경우도 있다.

　79세의 피카소는 35세의 잭클린과 결혼하였으며, 알랭들롱과 앤서니 퀸은 환갑이 넘은 나이에도 딸을 낳았다고 한다. 60대의 남자가 30대의 여성과 결혼하여 아기까지 출산했다는 뉴스도 며칠 전에 보도되었다.

　성욕이 왕성한 노인들은 자신의 성욕을 발산하지 못하여 힘들어 하는 경우도 있음을 인식해야 한다. 이제는 노인들의 성에 대한 인식이 전환됨으로써 건전한 이성 교제를 통하여 노인들의 삶이 더욱 행복해질 수 있도록 우리 모두의 관심이 필요하다.

　노인들의 성욕 못지않게 성폭행과 관련해서도 사회적으로 문제가 되고 있다. 과거에는 별 문제가 되지 않았던 성폭행 문제가 별다른 개념 없이 행한 행동이 심각한 성폭행 문제로 진행되어 법적인 문제로까지 진행되는 경우도 발생하고 있다.

옛날에는 노인들이 어린 남자아이를 보면 귀엽다고 성기를 만지기도 하고, 여자아이를 보면 귀엽다고 뽀뽀도 했지만, 이제는 시대가 변하여 타인의 신체에 함부로 손을 대는 행동은 잘못되었다는 것을 인식해야 한다.

최근에는 직장에서 상사가 여직원에게 과다한 신체 접촉과 무심코 던진 말이 성추행과 성희롱에 해당되어 직장에서 쫓겨나는 경우도 빈번하다. 과거에는 용납될 수 있었던 일이었지만 변화된 현실을 깊이 인지하고 못하고 일어난 안타까운 사건들이다.

고령자의 부족한 성인지 감수성이 곳곳에서 사회문제화 될 조짐이 보이자, 노인 거주 비율이 높은 지역을 중심으로 성교육 프로그램을 추진하는 지자체도 늘어나고 있다.

2.
노인들의 건강관리

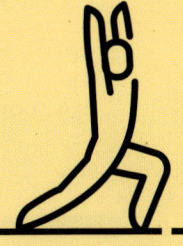

　노인들의 가장 관심이 많은 분야는 뭐라고 해도 '건강 관리'이다. 노인이 되면 젊었을 때 아무리 건강한 사람이라도 노후에는 건강에 적신호가 나타나기 시작한다.

　과거의 우리 조상들은 제대로 먹지도 못하고 의료 기술도 부족하여 지금보다는 평균 수명이 매우 짧았다. 환갑도 넘기지 못하고 사망하는 경우가 많았기 때문에 환갑을 맞이하면 자손들이 잔치를 베풀어 주곤 했지만 지금은 환갑잔치를 한다고 하면 이상한 시각으로 바라볼 정도이다.

　조선시대 왕들은 항상 어의(御醫)를 곁에 두고 있었으며, 영양가 높은 음식들만 먹었지만 평균 수명은 46세였다고 하며, 40세를 넘기지도 못한 왕들도 11명이나 되었다고 한다. 그 시절에는 사람이 살고 죽는 것이 팔자소관이라고 생각했었다. 그러나 지금은 그렇게 생각하는 사람은 없다. 식생활이 개선되고 의료 기술도 발전하였으며, 건강 관리에 대한 많은 정보들을 얻을 수 있기 때문에 사람이 죽고 사는 것이 팔자소관이 아니며, 본인의 관리에 따라서 수명이 달라진다고 생각하고 있다. 그러니까 사람이 죽고 사는 것이 타고 나는 것이 아니라 본인의 관심과 노력에 따라서 결정된다는 것이다. 그러나 거동도 못하고 누워 지내면서 100세를 산다는 것은 우리 모두의 불행이다.

　어떻게 하면 건강한 상태로 장수할 수 있을까? 하는 문제가 모든 노인들의 최대 관심사이다. 노인들이 건강한 몸을 유지하려면 기본적으로 잘 먹고, 잘 놀고, 잘 자고, 잘 배설하고 그리고 마음의 관리를 잘하면 된다.

1

잘 먹어야 한다

노인이 되면 입맛이 떨어지므로 먹는 양도 줄어들며, 활동량도 줄어들면서 근육의 양도 자연스럽게 감소하게 된다.

노인들은 잘 먹고 움직여야 살 수 있다는 것을 누구나 잘 알고 있다. 그래서 질병에 걸려 입맛이 없을 때에도 살기 위하여 먹는 경우도 있다. 노인이 되어서 건강한 삶을 유지하기 위해서는 운동도 중요하지만 영양 관리도 매우 중요하다. 영양 관리를 잘하면 면역력도 높아져서 질병을 사전에 예방할 수 있으므로 삶의 질을 향상시킬 수 있다.

우리 조상들이 장수를 하지 못한 원인은 의료 기술이 발달하지 못하여 질병을 사전에 예방하지 못하고 치료하지도 못한 것도 있지만, 충분한 영양을 섭취하지 못하여 질병에 쉽게 노출된 것도 원인이다.

한창 성장기에 있는 청소년들이 충분한 영양 섭취를 못하면 성장에 지장을 초래한다.

현재 우리나라 청소년들이 과거에 비하여 체격이 많이 커진 원인도 충분한 영양 섭취를 할 수 있었기 때문이다.

오히려 우리나라 청소년들은 운동량에 비하여 과식을 함으로써 과체중으로 인한 비만을 해결해야 하는 문제를 안고 있다. 따라서 너무 과식을 하여 비만에 이르는 것도 문제가 되므로 자신의 연령과 체질에 맞게 적절한 영양을 섭취하는 것이 매우 중요하다.

노인이 되면 활동량이 줄어들면서 입맛이 떨어져 충분한 영양을 섭취하지 못하는 것으로 나타나고 있다. 노인들은 식사를 밥이나 국, 김치 등 간단하게 대충 먹는 경우가 많다. 핵가족으로 인하여 노인들은 노인 부부와 함께 살고 있거나 혼자 살고 있는 독거노인들이 대부분이다.

노인들이 이렇게 대충 식사를 하는 이유는 경제적인 궁핍보다는 음식 준비하는 것이 귀찮게 여겨지기 때문이다. 특히 혼자 살고 있는 독거노인들은 혼자 먹으려고 준비하는 것이 귀찮은 것이다.

한국영양학회(1994)에서 발표한 '연령 증가에 따른 남녀 노인들의 영양 상태 및 이에 영향을 미치는 요인 분석'에 의하면 노인들은 나이가 증가함에 따라 모든 영양소의 섭취량이 저하되었는데, 남자 노인들은 80세 이후에 영양소 섭취 감소 현상이 나타난 것에 비하여 여자 노인들은 75세 이후부터 영양소 섭취량의 급격한 감소가 나타났다고 하였다.

질병관리본부에서 2013~2015년도에 실시한 '국민 건강 영양 실태 조사'에서 65세 이상 3,476명 노인들의 식생활과 영양소 섭취 실태를 분석한 자료에 의하면 대상자들의 44.5%만이 충분한 양과 다양한 음식을 먹고 있다고 발표하였다. 그리고 전체 에너지 섭취에서 탄수화물이 차지하는 비율이 74%로 적정 비율 상한선인 65%를 초과하고 있다고 하였다. 또한 단백질 섭취양은 부족하며, 나트륨(소금) 섭취는 많고, 물은 적게 마신다고 보고하였다. 특별한 것은 연령이 증가할수록 영양 결핍 및 영양 불량 상태가 심해진다는 것이다.

세계보건기구(WHO)에서도 전 세계 노인들의 절반 이상이 여러 가지 영양소 섭취가 부족하거나 식이 및 영양과 관련된 질환을 가지고 있다고 보고하면서, 노인들을 영양 위험 집단으로 고려하고 있다고 한다.

국내 질병관리청이 보건복지부와 대한의학회(2015)의 지원을 통하여 노인 2,876명을 대상으로 조사한 결과에 의하면, 노인 6명 중 1명은 '영양 섭취 부족' 상태로 보고된 것을 보면, 우리나라 65세 이상 노인들의 영양 상태가 심각한 수준인 것을 알 수 있다. '영양 섭취 부족'이라고 하면, 노인의 1일 권장 열량 섭취량(남성 2,000kcal, 여성 1,600kcal)의 75% 미만을 섭취하고, 칼슘이나 철, 비타민A, 비타민B2 등의 섭취량이 평균 필요량에 못 미칠 경우를 말하는데, 이 보고에 의하면 칼슘이 부족한 노인이 전체의 81%나 됐고, 지방과 단백질이 부족한 노인의 비율도 각각 70%, 30%였다고 보고하고 있다.

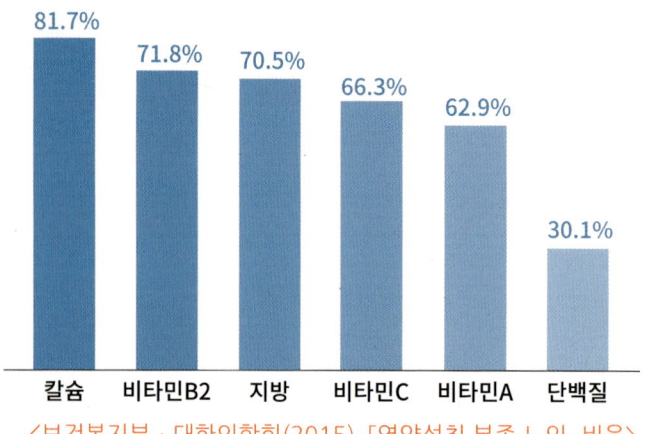
〈보건복지부·대한의학회(2015), 「영양섭취 부족 노인」 비율〉

　영양 섭취가 부족하면, 몸의 여러 대사 기능이 떨어지고 면역 체계도 약화되어 독감이나 폐렴 같은 감염성 질환 뿐 아니라 만성 질환에도 걸리기 쉬워지며 병의 회복 속도도 느려져서 사망률도 증가될 수 있다. 노인들의 영양 문제는 한 가지 이유보다는 여러 가지 원인들에 의해 복합적으로 발생되는 경우가 많다.

　우선 나이가 들면 여러 신체적 변화가 생기게 되는데 장의 기능이 떨어지면서 소화 흡수나 대사 기능이 저하되고, 맛을 느끼는 감각도 떨어져서 음식을 더 짜게 먹게 되고 식욕도 없어진다. 또한 노인들의 치아도 중요한 문제인데, 의치를 하면 음식을 씹는 저작 능력이 많이 감소되어 음식 종류 선택에도 제한을 받게 된다.

　노인은 여러 가지 만성 질환을 가지는 경우가 많고, 그에 따라 많은 약물을 복용하게 된다. 이러한 노인성 질환과 약물들이 소화 기능에 장애를 주는 경우도 많다. 경제적 어려움도 한 원인이 되며, 홀로 거주하는 독거노인의 경우 혼자 음식을 준비하여 식사를 하면서 제대로 균형 잡힌 식사를 하기가 쉽지 않다.

◆ 노인들의 영양상태 불량의 원인

① 노화에 의한 신체적 변화로서 장의 기능이 떨어지면서 소화 흡수나 대사 기능이 저하되고 미각과 후각 기능이 감퇴 된다.

② 노인은 여러 가지 만성 질환을 가지는 경우가 많고, 그에 따라 많은 약물을 복용하게 되는데, 이러한 노인성 질환과 약물들이 소화 기능에 장애를 주는 경우가 많다.

③ 노인들의 치아도 중요한 문제인데, 의치를 하면 음식을 씹는 저작 능력이 많이 감소되어 음식 종류 선택에도 제한을 받게 된다.

④ 균형적인 식사의 필요성에 대한 무지

⑤ 경제적인 어려움과 사회적인 고립 등

◆ 노인의 영양 상태 자가 평가 도구

　노인의 경우 영양이 불량한 상태에서는 건강한 생활이나 여러 질병을 이겨내기 어렵기 때문에 영양 평가가 매우 중요하다.
　영양 권장량의 75% 미만을 섭취할 경우 영양 결핍의 위험성이 있는 것으로 간주하고 있다.
　일반적으로 노인의 영양 상태를 알아보기 위해 가장 쉽고도 중요한 평가 방법은 체중의 변화이다. 1~3개월 동안 기존 체중의 5% 이상, 6개월 동안 10% 이상의 체중 감소가 있을 때는 병원을 방문하여 그 원인을 찾아보아야 하고, 혈액 검사를 하여 빈혈이나 알부민, 콜레스테롤과 같은 영양 관련 지표들을 확인하여 노인의 영양 상태를 파악할 수 있어야 한다.

[노인의 영양 상태 자가 평가 도구]

순서	항목	점수
1	평소에 먹던 음식의 종류나 양을 바꾸어야 할 정도의 질병이 있다.	2
2	하루에 한 끼의 식사를 한다.	3
3	과일이나 야채, 우유 및 유제품을 거의 먹지 않는다.	2
4	맥주나 소주 혹은 와인 등의 술을 거의 매일 하루에 3잔 이상 마신다.	2
5	치아나 구강 문제로 음식을 먹는 데 지장이 있다	2
6	식품을 구입하는 데 필요한 돈을 충분히 가지고 있지 않다.	4
7	거의 대부분 식사를 혼자 한다.	1
8	하루에 먹는 약의 종류가 3가지 이상이다.	1
9	지난 6개월 동안에 체중이 5kg 이상 늘거나 줄어들었다	2
10	다른 사람의 도움 없이 시장을 보거나 요리하고 식사하는 것이 신체적으로 힘이 든다.	2

<보건복지부 · 대한의학회(2015), 노인의 영양상태 자가 평가 도구>

※ 영양 섭취 점수 판정

0~2점: 양호함, 6개월 후에 다시 한 번 검사한다.

3~5점: 약간 영양 불량의 위험 요인이 존재함. 식습관과 생활 습관 개선을 위해 노력해야 하며, 3개월 후에 다시 검사해 본다.

6점 이상: 높은 영양 위험 요인이 존재함. 의사나 영양상 등의 전문가의 도움을 받아서 영양 상태를 개선시켜야 한다.

◈ 노인들을 위한 식생활 개선 지침(보건복지부, 2004)

① 채소, 고기나 생선, 콩 제품 등의 반찬을 골고루 먹자.

- 다양한 채소 반찬을 먹는다.
- 고기나 생선, 계란, 콩 제품 반찬을 적당하게 먹는다.

② 우유 제품과 과일을 매일 먹는다.
- 우유나 두유, 요구르트 등을 먹는다.
- 다양한 제철 과일을 먹는다.

③ 짠 음식(나트륨)을 피하고, 싱겁게 먹는다.
- 장아찌, 젓갈 같은 음식을 적게 먹는다.
- 음식을 만들거나 먹을 때, 소금이나 간장을 적게 사용한다.
- 국과 찌개의 국물을 적게 먹는다.

④ 많이 움직여서 식욕과 적당한 체중을 유지한다.
- 자신에게 알맞은 운동을 규칙적으로 한다.
- 많이 걷고, 움직이는 것을 생활화한다.

⑤ 술을 절제하고, 물을 충분히 마신다.
- 가능한 술은 마시지 않는다.
- 술을 마실 때는 하루 2잔 이내로 제한한다.
- 물을 자주 마신다.

⑥ 세 끼 식사와 간식을 챙겨 먹는다.
- 세 끼 식사를 규칙적으로 한다.
- 조금씩 자주 먹는 것이 좋다.
- 음식은 먹을 만큼만 준비하고, 오래된 음식은 먹지 않는다.
- 음식은 한꺼번에 많이 만들지 않는다.
- 남은 음식은 곧바로 냉장고에 보관하고, 오래된 음식은 버린다.

⑦ 식사는 가능한 일정한 시간에 하며, 일정한 양으로 하는 것이 좋다.

⑧ 고단백 음식은 절제하지만, 그렇다고 채식만 먹는 것도 좋지 않다.

⑨ 동물성 단백질을 섭취할 때는 야채와 함께 먹는다.

⑩ 과식은 금하고, 과다한 당분은 섭취를 삼간다.

⑪ 식사는 천천히 하는 것이 좋다.

◈ 몸에 필요한 영양소와 종류

일반적으로 노인의 경우 젊은 성인보다는 칼로리는 줄이고, 영양의 질이 좋은 식사를 하도록 권하고 있다. 노인 남성의 경우 하루 2,000kcal, 노인 여성의 경우 1,600kcal 정도를 섭취하는 것이 적당하다고 한다.

우리 몸에 꼭 필요한 영양소를 중심으로 그 종류와 먹는 방법 등을 알아보면 다음과 같다.

● 탄수화물

탄수화물은 우리 몸에 꼭 필요한 에너지 자원이지만 과다 섭취를 할 경우엔 대사증후군이 높아지고 각종 성인병에 노출될 수도 있다. 보통 탄수화물을 섭취할 경우 1g당 4kcal의 에너지를 생산한다. 쌀, 보리, 밀, 고구마, 감자, 빵, 라면 등에 많이 포함되어 있다.

식사를 많이 하면 체중이 늘어나는데, 탄수화물을 많이 섭취하기 때문이다. 그러므로 다이어트를 하는 사람들은 탄수화물의 양을 줄이고, 단백질의 양을 늘린다. 사용하고 남은 탄수화물은 지방으로 전환되어 체내(간, 근육 등)에 저장된다.

● 단백질

단백질은 동물성과 식물성 단백질로 구분한다.

동물성 단백질은 소, 돼지, 닭, 어류, 갑각류 등 생물체에서 얻을 수 있는 단백질이다.

산속에서 자연인으로 살아가는 사람들이 대부분 닭을 키우고 있는 이유는 산속에서 계란이나 닭고기 등 필요한 단백질을 공급받기 위함이다. 단백질은 성장기에 있는 청소년들이나 노인들에게는 반드시 필요한 영양소이다. 특히 연령이 증가함에 따라 동물성 단백질 섭취의 부족은 근육량의 감소, 면역 기능 저하, 성장 저해, 뇌졸중 등을 일으킬 수 있으므로, 양질의 단백질 섭취와 운동이 필요하다.

식물성 단백질은 콩, 두부, 아몬드와 같은 식물에서 얻을 수 있는 단백질이다.

서울대학교 송욱 교수팀이 한국식품커뮤니케이션 포럼(2023)에서 발표한 내용에 의하면 노인들이 단백질 섭취량을 늘리면 골격근량이 늘고, 체지방률이 줄어든다고 발표하였다. 일반적으로 단백질 섭취가 부족한 노인들은 탄수화물 위주로 식사하기 쉬운데, 이는 단백질 합성 저하로 인하여 근육 기능 저하나 근 감소증이 발생할 위험을 높이는 요인이 된다는 것이다.

보건복지부가 정한 단백질의 하루 권장 섭취량은 남자 노인들은 55~60g이며, 여자 노인들은 45~50g이다. 그러나 외국의 다수 단백질 전문가들은 권장량보다 더 많은 단백질을 섭취할 것으로 제안하고 있다.

1988년 이상구 박사는 채식 위주의 저지방을 섭취해야 엔도르

핀이 많이 생성된다고 공영 방송에서 강연을 하였는데, 그 당시 많은 사람들이 관심을 갖고 채식 신드롬을 불러일으켰다. 그러나 축산업자들의 반발과 협박 등으로 인하여 미국으로 되돌아간 기억이 난다.

지금 생각해 보면 일주일에 고기도 한두 번 먹되 야채와 함께 먹으면 상관이 없다고 강연을 했으면 그런 소동이 일어나지 않았을 것인데 하는 아쉬움이 있다.

• 지방

지방은 동물성과 식물성 지방으로 구분한다.

동물성 지방은 대부분 육류에 포함되어 있지만, 식물성 지방은 버터, 식용유, 참기름, 들기름, 견과류 등에 많이 포함되어 있다. 노인들이 과다 체중으로 인하여 동물성 지방을 섭취하기에 부담이 되면 야채와 함께 적당한 양을 섭취하면 가능하다.

노인들이 견과류를 많이 섭취하고 있는 것도 식물성 지방을 섭취하기 위함이다.

동물성 지방을 과잉 섭취할 경우 혈중 콜레스테롤과 중성 지방의 수치 증가로 인하여 동맥 경화증, 고지혈증, 심장병 등 심혈관계 질환 및 당뇨병의 발병률이 증가한다.

필수 지방산이 결핍되었을 시에는 피부가 건조하고 비늘이 생기는 피부로 변하고 성장 저해, 불임증, 수종, 피하 출혈 등과 증상이 나타난다.

• 비타민

비타민 A~D 중 비타민C를 가장 많이 섭취하고 있다.

비타민은 녹차, 유자, 귤, 고추(잎), 케일, 야채, 각종 과일 등에 많이 함유하고 있다.

노인들은 비타민C를 약으로 매일 복용할 것을 의사들은 권장하고 있다. 그러나 비타민C도 너무 많이 복용하면 간이나 위에 부담이 될 수 있으므로 하루에 6g 이하로 권장하고 있으며, 식후에 복용하는 것이 좋다.

비타민C가 인체에 미치는 영향(이왕재, 비타민C 이야기, 2019)으로는

- 피로 회복과 스트레스의 저항력을 높여준다.
- 질병에 대한 면역력을 높여준다.
- 다이어트에 효과적이다.
- 암세포를 억제시켜 준다.

노인들은 퇴행성 질환 등으로 인해 외출이 적은 관계로 햇볕에 노출이 제한적이고 피부에서 비타민D 합성 능력이 감소되어 충분한 비타민D가 체내에서 생성이 되지 않고 있다. 그러므로 하루 30분 이상씩 햇빛을 받으면서 실외에서 생활을 하는 것이 필요하다.

• 무기염류(무기류)

무기염류도 우리 몸에는 반드시 필요한 영양소이다. 편식을 하지 말고 음식을 골고루 먹어야 좋다고 하는 것도 이런 이유다. 칼슘, 인, 칼륨, 나트륨, 염소, 철, 구리, 마그네슘 등을 말한다.

노인 건강에서 골다공증의 문제는 매우 중요하므로, 칼슘 섭취는 강조되어야 한다. 노인들의 경우 유제품 섭취가 적은 관계로 칼슘 섭취가 부족한 경우가 많다. 칼슘은 잎이 푸른 채소(샐러리, 케일, 배추, 시금치, 브로콜리), 해조류, 우유, 요구르트 등 유제품과 뼈째 먹는 생선(멸치 등), 미역, 다시마 등에 풍부하게 함유되어 있다. 일반적으로 하루 1,000~1,500mg의 칼슘 섭취를 권장하고 있다.

칼슘이 부족하면 구루병(뼈가 휘어지는 병)에 걸리며, 철이나 구리 등이 부족하면 빈혈 증세 등이 발생한다.

• 물

지구상의 모든 생명체는 물을 섭취해야만 살 수 있다.

사람의 경우 수정란의 97%가 물로 이루어져 있으며, 신생아는 80%, 성인들도 70%는 물로 구성되어 있다. 특히 뇌는 85%가 물로 구성되어 있으며, 체내는 수분의 10%만 잃어도 생명을 유지할 수가 없을 만큼 인체에는 물이 중요하다.

우리는 3일 이상 수분을 섭취하지 않으면 의식을 유지하기가 어렵다. 물은 영양소를 체내에서 운반하며, 조직으로부터 노폐물을 제거한다. 소화 기관에서의 물은 소화 물질의 폐기물을 배출한다. 수분은 피부와 호흡기로부터 증발되어 체온 조절에 중요한 역할을 감당한다. 세포에는 물이 부족하면 세포가 말라 병원균에 대한 저항력이 떨어져서 질병에 걸리게 된다.

그래서 노인들은 물을 많이 섭취해야 한다는 것이다.

나이가 들면 체내 수분 함유량은 감소하고 갈증에 둔감해져 필요한 수분 섭취가 이루어지지 않는 경우가 많다. 따라서 노인 남성은 하루 2,100ml, 노인 여성은 1,700ml 정도의 수분을 섭취해 주어야 한다. 물은 가능한 깨끗한 물로(따뜻한 물, 녹차 등) 자주 마시는 것이 좋다.

잘 놀아야 한다

건강을 유지하기 위해서는 잘 먹어야겠지만, 먹은 음식을 잘 소화시키기 위해서는 몸을 움직여야 한다. 음식을 먹고 움직이지 않으면 체중만 불어난다.

세종대왕은 고기를 무척 좋아하셨다고 한다. 고기를 비롯한 영양가 있는 음식을 매일 먹고 움직이지 않으니 비만으로 인하여 당뇨를 비롯한 각종 질병으로 노후에 고생을 많이 하신 것이다.

◆ **친구 만들기**

세상을 살면서 마음을 터놓고 이야기를 나눌 친구가 한 명도 없다면 그 사람은 세상을 잘 못 산 것이며, 참 불행한 일이다.

인간관계란 두 사람이나 그 이상의 사람들과 상호 간에 발생하는 관계이므로 친구가 한 명도 없다는 것은 자기 자신이 인간관계를 잘못하고 살아온 사람이라는 것이다.

친구란 일방적인 관계가 아니며 상호간에 쌍방적인 관계이다. 특히 노인이 되었을 때는 함께 할 수 있는 친구가 중요하다. 함께 할 친구가 없다면 지금이라도 인생을 함께 할 친구를 만들어야 한다. 좋은 친구를 만나려면 우선 자신부터 다음과 같은 사람이 되어야 한다.

● 자기 자신부터 먼저 관계 회복이 되어야 한다.

우선 자기 자신부터 긍정적인 마인드를 갖고 있어야 한다. 매사에 비판적이고 부정적인 사람은 가까이 할 친구를 만나기가 어렵게 된다.

● 서로 뜻이 맞아야 한다.

친구라고 해서 꼭 좋은 것만은 아니다. 친구를 잘못 만나서 오히려 엄청난 고통을 받고 살아가는 사람도 있다. 친구는 서로 뜻이 맞아서 서로에게 도움이 되어야 한다.

● 서로 배려할 줄 알아야 한다.

식사나 차를 마실 때도 항상 내가 먼저 계산한다는 자세로 지갑을 열 줄 알아야 한다. 서로 배려하는 것이 좋은 친구가 되는 중요한 덕목이다.

● 감사할 줄 아는 사람이 되어야 한다.

감사를 모르고 항상 불만에 가득 차 있는 사람과는 멀리하는 것이 좋다. 우선 나 자신부터 감사할 줄 아는 사람이 되어야 한다.

• 상대방의 말은 맛있게 들어주어야 한다.

가능한 상대방이 말을 하도록 하고, 자신은 상대방의 말을 잘 들어주어야 한다. 공감이 있는 말을 할 때는 고개도 끄덕여 주고, 즐거운 말을 할 때는 함께 웃어주고, 슬픔을 당했을 때는 함께 울어줄 수 있는 친구가 진정한 친구이다.

• 잘난 체하지 말기

잘난 체하는 그 자체가 교만이다. 특히 옛날의 화려했던 자신의 경력들을 들추어내지 말라. 항상 겸손한 자세로 상대방을 존경해야 한다.

• 언행일치(言行一致)가 되어야 한다.

말과 행동이 일치하지 않은 사람은 신뢰가 없는 사람이다. 신뢰가 없는 사람은 믿을 수가 없는 사람이므로 가까이 하기가 어려운 사람이다.

• 이성(異性) 친구 만나기

노인들이 혼자가 되었을 때 평생 혼자 외롭게 살아야 한다는 것은 가혹하다. 그러나 혼인 신고를 하고 함께 살아야 한다는 생각은 버려야 한다. 동거를 한다든지, 혼인 신고를 할 경우 재산 상속 문제도 발생하며 자녀들과의 복잡한 문제도 발생하기 때문에 바람직하지 않다. 이성 간에 서로 친구로 만나서 식사도 하고, 차도 마시는 관계라면 삶이 더욱 풍성해질 것이다.

• 노인들이 친구를 만날 수 있는 곳

- 경로당

경로당이 없는 지역은 없다. 경로당은 겨울에는 따뜻한 난방 시설을 해 주며, 여름에는 시원한 에어컨을 가동시켜 준다. 노래방 기계부터 TV, 바둑판, 장기판 등 노인들이 즐기기엔 안성맞춤이다.

- 노인지회 및 노인 복지관

노인지회에서는 노인들 일자리도 제공해 주지만, 노인대학을 통하여 여러 가지 프로그램도 제공해 준다. 노인 복지관은 다양한 프로그램을 통하여 노래나 컴퓨터 등을 배우기도 하고, 즐기기도 할 수 있다.

- 종합복지관과 평생학습관, 여성회관

종합복지관과 평생학습관, 여성회관은 나이 제한이 없기 때문에 노인들도 그곳에서 다양한 학습을 배울 수 있으며 많은 사람들을 만날 수 있는 곳이다.

◈ 걷기 운동

사람은 두 발로 걸어 다녀야 하기 때문에 태어나서 걸음마를 배우기 위하여 수없이 넘어지는 시행착오를 통하여 걷기 시작한다. 걷는다는 것은 사람이 살아가는 데 반드시 필요한 과정이며, 인간의 가장 기본적인 동작이다.

노인들에게 걷는 것만큼 더 좋은 운동은 없다. 노인이 하루에 6,000보 이상을 매일 걸을 수만 있다면 다른 운동이 더 필요 없다는 것이다. 걷기 운동은 시간과 장소, 비용 문제 등에 구애받지 않으면서 건강을 유지하는 데 가장 손쉽게 접근할 수 있는 운동이다.

요즘은 스마트 폰에 걸음수를 체크할 수 있는 앱을 설치하면 하루에 얼마 정도 걸었는지 확인이 가능하다. '얼마를 걸어야 좋을까?' 하는 양의 문제는 자신의 나이와 체력에 맞도록 설정해야 하며, 걷는 방법도 자신에게 맞는 자세로 걷는 것이 중요하다.

● 걷기 운동 시 유의할 점

- 걷기 전에나 걷기가 끝난 후에는 가볍게 몸을 풀어준다.
- 호흡은 코로 들이마시고 입으로 내뱉는다.
- 가슴을 펴고 턱을 약간 당긴 자세에서 시선은 전방 10~15m 앞 땅바닥을 주시한다.
- 노인들은 일정한 시간을 정하여 의무적으로 걷는 것보다는 자유롭게 걸으며, 처음에는 자신이 최고로 걸을 수 있는 능력의 70% 정도만 걷고 조금씩 양을 늘린다.
- 노인들은 경사진 곳을 피하고 평평한 장소에서 걷는다.
- 신발은 쿠션이 있고 가벼운 운동화를 신는 것이 좋다.
- 착지는 반드시 발뒤꿈치→발바닥→발가락 순으로 하며 11자로 걷는다.

● 걷기의 종류

- 완보(천천히 걷기)

걷기의 첫 단계로 주로 환자나 재활 치료를 목적으로 하는 사람들의 걷는 방법이며, 고령이라 거동이 부자연스러운 노인들이 걷는 방법이다.

운동 강도는 20~30%로 아주 낮다.

- 산보(산책하듯이 걷기)

일상생활에서 보통 속도로 걷는 방법이다. 노인들 대부분은 산보 형식으로 걷고 있는데, 운동량이 부족한 것 같으면 속도를 높이는 것보다는 걷는 시간을 늘리는 것이 좋다.

운동 강도는 40~50%이다.

- 속보(빠르게 걷기)

건강한 노인들이나 젊은이들은 빠르게 걸으면 운동 효과는 더 향상된다.

유산소성 운동 능력의 향상으로 심폐 기능이 좋아지며 운동 능력이 극대화되어서 성인병의 예방 및 치료에 효과적인 걷기 방법이다.

운동 강도는 60~70%이다.

- 강보(힘차게 걷기)

일반인들이 최고의 속도를 내면서 힘차게 걷는 방법이다. 파워 워킹도 여기에 해당된다.

많은 에너지가 소비되어 운동 효과는 매우 커지만, 노인들이 이러한 방법으로 걷기에는 무리가 있다.

운동 강도는 70% 이상이다.

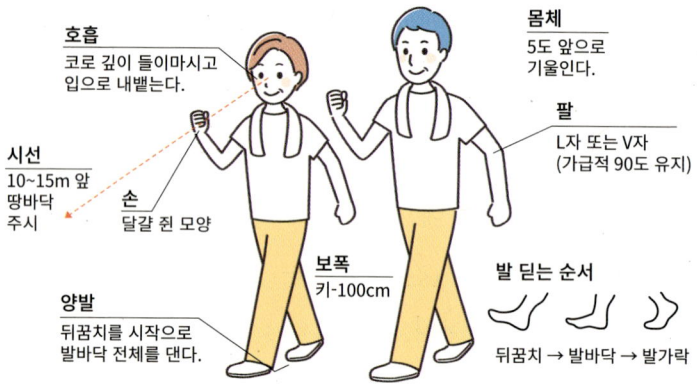

<올바른 걷기 자세>

• 걷기 운동의 효과

노인들에게는 걷기 운동이 건강에 매우 유익하다.

누구나 매일 30분 이상씩 올바른 자세로 걸을 수만 있다면 다른 특별한 운동을 하지 않아도 된다.

걷기 운동을 매일 생활화하면 다음과 같은 효과가 있다.

- 심폐 기능을 향상시킨다.
- 혈액 순환을 촉진시킨다.
- 체지방을 감소하여 적절한 체중을 유지한다.
- 불안, 우울, 스트레스 등을 감소시킨다.
- 치매 예방에도 도움이 된다.
- 골다공증을 예방할 수 있다.
- 다이어트에 도움이 되어 비만을 예방한다.
- 소화 기능을 개선한다.
- 면역력을 높여준다.

• 걷기 운동과 근력과의 관계

걷기 운동을 하면 하체 근육이 튼튼해진다.

노인들이 다리에 힘이 없어서 더 이상 걷지 못하게 되면 그때부터는 아무런 삶의 의미도 없어진다. 그러므로 노인들은 평소에 다리를 튼튼하게 유지시켜야 하는데, 다리를 튼튼하게 유지하려면 걷는 것이 가장 좋은 방법이다.

다리는 인체의 무게를 지탱해 주는 일종의 기둥이다. 두 다리에는 인체의 신경이 50%, 혈액이 각각 50%씩 통과한다. 두 다리가 건강해야만 혈액 순환도 원활하게 움직이므로 다리 근육이 강한 사람은 심장도 강한 편이다. 그러므로 노화는 다리부터 시작된다고 해도 과언이 아니다.

'나무는 뿌리가 먼저 늙고, 사람은 다리가 먼저 늙는다'라는 말이 있다. 사람이 늙어지면 대뇌에서 다리로 내려 보내는 명령이 정확하게 전달되지 않고 전달하는 속도도 현저히 떨어진다고 한다. 노인들의 걸음걸이가 부자연스러운 것도 대뇌에서 다리로 내려 보내는 명령이 정확하지 않으며 그리고 다리에 힘도 없기 때문이다. 나이가 들수록 젊었을 때와 달리 뇌에서 다리로 명령하는 속도와 정확도가 떨어진다.

노화를 지연시키기 위해서는 다리 근육을 튼튼하게 해야 된다. 매일 30분 이상씩 걷거나 자전거 타기 등을 통하여 다리를 튼튼하게 하는 것이 매우 중요하다.

◆ 노인들의 운동 원리

 운동은 몸에 좋다고 누구나 생각하고 있지만, 운동을 잘못하여 건강을 잃은 사람도 의외로 많다. 특히 노인들은 신체적으로 허약하기 때문에 운동을 할 때도 각별히 조심해야 한다. 젊은이들과 똑같은 방법으로 운동을 하다가는 중간에 포기하거나 오히려 건강을 잃을 수도 있다.

 나이에 따른 몸의 변화를 받아들이지 못한 채 젊었을 때 운동량을 그대로 유지하려고 한다거나 젊은 사람들과 같은 방법으로 과하게 하다 보면 오히려 운동이 독(毒)이 된다는 것이다. 노인들은 뼈의 골밀도가 떨어지는 시기이므로 무리한 운동은 오히려 독(毒)이 된다는 사실도 알아야 한다.

 노인들의 운동은 관절에 충격을 주지 않고 근력 향상에 효과가 있는 운동이 좋으며, 무엇보다도 부상이 없도록 유의해야 한다. 운동의 강도는 자신의 체력에 따라서 1~2시간 전후가 적당하며, 무엇보다도 꾸준히 실시하는 것이 가장 중요하다.

 노인들에게 적절한 운동은 건강한 삶을 유지하는 데 꼭 필요한 요소이지만 무리하면 오히려 독이 된다는 것을 명심하여야 한다. 사람의 인체는 마치 기계와 같아서 너무 많이 사용하면 고장이 나고, 너무 사용하지 않아도 퇴화되며, 적당히 사용하면 오히려 기능이 더 좋아진다.

 프랑스의 학자 라마르크(Chevalier de Lamarck, 1744~1829)는 「동물철학」이라는 책에서 용불용설(用不用說)을 주장하였다. 라마르크에 의하면, 생물의 역사는 태고부터 오늘까지 끊임없이 진화하고 있는데, 생물의 눈이나 손 또는 발 같은 기관은 사용할 수록 발달하며, 사용하지 않은 것은 퇴화하고 소멸되어 간다고 주장하였다. 즉, 인간의 인체도 라마르크의 용불용설에 의하면 적당히 사용하면 발달하고, 사용하지 않거나 과하게 사용하면 퇴화한다고 볼 수 있다.

적절한 운동을 하면 인체는 발달하는데, 운동을 할 때는 각 개인의 특성을 고려하여 운동의 질(종류)과 양(강도, 시간, 빈도) 그리고 운동 방법을 설정해야 한다. 특히 성별, 연령별, 숙련 정도, 건강 상태의 개인차를 고려하여 자신에게 알맞은 운동 방법으로 실시하는 것이 가장 중요하다. 일반적인 운동 원리는 다음과 같이 설명할 수 있다.

• 개별성의 원리

학습자는 학습 능력에 따라서 개인 차이가 나는 것이 일반적이다. 운동에 참여하는 개인도 체력 수준, 신체 조건, 성별, 연령 등에 따라서 다양한 차이점이 나타난다.

개별성의 원리란 개인 차이가 나는 학습자가 똑같은 방법으로 운동을 함께 하게 되면 운동의 강도가 맞지 않으므로 운동 효과가 떨어진다는 원리이다. 즉, 개인의 체력 수준이나 능력, 특성에 따라서 개인차를 고려하여 운동의 강도를 설정해야 한다는 것이다.

노인들이 젊은 사람들과 함께 운동을 하게 되면 누구의 강도에 맞추어서 운동을 해야 하는가?

부부 간에 운동을 하는 것도 정서적으로는 도움이 되겠지만 운동 강도의 측면에서 보면 맞지 않는 것이다. 그러므로 운동에 참여할 때는 자신의 체력이나 신체 조건 등 자신의 개별적인 특성을 고려하여 운동 종목과 방법을 선택해야 한다.

• 계속성의 원리

운동은 꾸준히 계속해야만 효과가 있다는 원리이다. 모처럼 하루 운동을 했다면 기분이 좋으므로 정서적으로는 효과가 있다고 볼 수 있지만, 체력적인 효과는 전혀 없다고 볼 수 있다.

모처럼 동창회 모임에서 친구들과 축구 경기를 했다면 과연 체력적으로 도움이 되었을까?

체력적으로만 분석해 본다면 온몸의 근육이 긴장하여 다음날 생활하는 데도 불편할 정도이니 오히려 역효과가 나타났다고 볼 수 있다. 그러나 꾸준히 계속 축구를 하면 체력에도 분명히 효과가 나타나게 된다는 원리이다.

매일 운동하는 효과가 100%라고 한다면 일주일에 3일 정도 하면 효과가 70~80%, 일주일에 1일 하면 20~30%, 2주 이상에 한 번 정도하면 현상 유지, 한 달에 한 번 정도 하게 되면 체력적으로는 효과가 거의 없다고 보고 있다.

• 점진성의 원리

운동을 계속할 때는 운동의 강도나 질과 양을 점진적으로 증가시켜야 효과가 있다는 원리이다. 운동을 할 때는 누구나 체력이 점진적으로 좋아지길 원한다. 그러나 똑같은 강도와 똑같은 양으로 매일 하게 되면 현상 유지에 그친다는 것이다. 그러나 노인들은 강도나 양을 무리하게 늘리는 것은 위험하다. 노인들은 현재 자신의 체력이 떨어지지 않고 그대로 유지할 수 있는 것만으로도 충분한 효과가 있다고 보면 된다.

• 반복성의 원리

 운동의 능력을 향상시키기 위해서는 같은 동작을 반복해야 한다는 원리이다.

 운동을 잘하기 위해서는 한두 번의 학습으로는 결코 잘 할 수가 없다.

 골프선수들도 같은 원리이다. 아무리 유명한 골프선수일지라도 시합이 끝나면 스윙 연습을 매일 같이 한다. 그래야만 시합 때 자신 있는 스윙을 할 수 있기 때문이다.

 야구선수도 매일 얼마나 많은 볼을 던지고 배트로 볼을 치고 하는가?

 반복성의 원리는 같은 동작을 계속해서 반복하여야 기능이 향상된다는 원리이다.

• 전면성과 다양성의 원리

 '전면성의 원리'란 신체 운동을 할 때 신체의 어느 특정한 부위만 발달시키는 것보다는 체력의 구성 요소를 골고루 발달시키는 것이 중요하다는 원리이다. 몸의 균형을 맞추기 위해서는 신체의 구성 요소를 골고루 발달시키는 것이 좋다.

 '다양성의 원리'는 신체 운동은 다양한 운동 방법으로 실시해야 동기가 강해지고 흥미롭게 참여할 수 있다는 원리이다. 매일 똑같은 방법으로 운동에 참여하면 지루함을 느껴서 운동 수행 능력이 향상되지 않는다. 그래서 지도자는 학습자들의 동기를 유발시키기 위하여 다양한 운동 방법을 제시하고 있다.

◆ 노인들에게 좋은 운동

　노인들에게 좋은 운동은 관절에 무리가 없는 걷기 운동이나 수영, 자전거 타기, 수중 에어로빅 등이며, 여러 사람들과 함께할 수 있는 운동으로는 탁구, 파크골프, 게이트볼 등이 있다.

　노인들에게 가장 좋은 운동은 걷기 운동이나 수영이지만, 단점으로는 단조로운 동작의 반복으로 인하여 지루함과 권태감이 생겨서 흥미가 생기지 않는다는 것이다. 또한 운동은 함께 참여해야 흥미가 생기는데 혼자 운동을 해야 하는 특성이 있기도 하다.

● 탁구

　탁구는 순발력과 민첩성을 요구하는 운동이지만 좁은 공간에서 하기 때문에 체력적으로 큰 부담을 느끼지 않는다. 특히 라켓과 볼이 가볍기 때문에 신체에도 크게 무리가 되지 않는다.

　요즘은 노인들을 위하여 라지볼 탁구가 개발되었다. 일반 탁구볼보다 조금 더 크고 가볍고, 색깔도 노란색으로 되어 있어서 노인들이 더 쉽게 탁구를 즐길 수 있게 되었다.

　노인들은 근력이 약화되어 있으므로 동작이 민첩하지 못하는데 탁구를 통하여 순발력과 민첩성을 보완할 수 있으므로 건강에 큰 도움이 된다.

각 지역에 있는 노인 복지관이나 생활체육교실에서는 대부분 탁구 교실을 운영하고 있으며, 생활체육지도자에게 무료로 지도를 받을 수 있다.

  탁구의 장점으로서는 첫째, 항상 실내에서 운동을 하기 때문에 날씨나 계절의 영향을 받지 않는다는 것이다. 눈이나 비, 바람이 불어도 걱정이 없을 뿐만 아니라 겨울에는 난방을 켜 주니 따뜻한 곳에서 할 수 있으며, 여름철에는 시원한 에어컨을 켜 주니 시원한 곳에서 운동을 할 수 있으니 얼마나 좋은 환경인가?

  둘째, 순발력과 민첩성을 요구하는 운동이기 때문에 운동량이 많다. 탁구를 몇 게임 하고나면 숨이 차고 많은 땀을 흘리게 된다. 숨이 차고 땀을 많이 흘린다는 것은 운동량이 많았다는 증거이며, 특히 심폐 기능과 심장에 많은 영향을 미치고 있음을 알 수가 있다. 그리고 온몸을 민첩하게 움직이니 전신 운동이 된다.

  셋째, 남녀노소 누구나 함께 할 수 있는 운동이다. 현재 생활스포츠 탁구 동호회에는 40대부터 80대까지 남녀 다양한 사람들이 함께 운동을 하고 있다. 순수 아마추어 동호회이며, 특별히 기량이 뛰어난 사람이 없으므로 남녀노소 누구나 함께 복식으로 게임을 해도 무방하다.

  넷째, 재미가 있는 운동이다. 탁구는 혼자서는 할 수 없으며, 최소한 2명 이상은 있어야 가능하다. 항상 상대방과 볼을 주고받아야 하므로 상대방과 기량을 비교할 수도 있으며, 특히 게임을 통하여 승패도 주고받으니 스릴이 있다.

• 게이트볼(Gate Ball)

　게이트볼은 좁은 공간에서 실시하는 운동이므로 많은 체력을 요구하지 않으며, 특별한 기술을 필요로 하지 않기 때문에 노인들에게 적합한 운동이다.

　가로 20m, 세로 15m의 경기장에 3개의 게이트(문)와 1개의 골폴(말뚝)을 설치한 후 2팀으로 나누어서 경기를 시작한다. 각 팀은 최소 5명 이상(후보 3명)이며 팀별로 선공은 빨간색 공을, 후공은 하얀색 공을 구분해서 친다.

　경기 진행은 한 팀이 5명일 경우 1번부터 10번까지 정해진 타순에 따라 치게 되고, 게이트 1개를 통과할 때마다 1점씩 주어지며, 3개의 게이트를 통과한 공이 골폴에 맞으면 2점을 준다. 따라서 한 사람의 최고 득점은 5점, 팀 최고 득점은 25점이 된다. 경기 제한 시간은 30분이며, 이 시간 내에 어느 쪽 팀이건 5명 전원이 5점씩 득점해서 팀 전체 점수가 먼저 25점이 되는 팀은 남은 시간에 관계없이 이긴다.

　게이트볼은 단순하여 기본 기술과 경기 규칙만 간단히 배우면 곧바로 시합에 임할 수가 있으며, 단합과 양보의 정신을 미덕으로 강조하는 경기이다. 그러므로 체력이 약하고 운동 신경이 둔한 사람도 같이 함께 즐길 수 있다는 것이 장점이다.

　장애인들도 게이트볼을 즐기고 있으며 장애인 게이트볼 대회도 활발하게 개최되고 있다.

　초보자의 경우라면 장비를 모두 구입할 필요도 없이 각 지역의 게이트볼 협회에서 마련한 장비를 사용하면 되고 본인은 스틱만 준비하면 된다. 게이트볼장은 자방자치단체 어느 곳에서나 설치되어 있으며 장소는 공공체육시설로 설치되어 있기 때문에 무료로 개방하고 있다. 초기에는 야외에 게이트볼장을 설치하여 운동을 하였는데, 최근에는 계절과 날씨에 지장이 없도록 시설을 보완하여 실내에서 인조 잔디를 설치하여 쾌적한 환경에서 운동을 할 수 있도록 준비되어 있다.

　현재 전국 게이트볼 동호회원으로 등록한 사람들의 수는 70만 명을 넘어서고 있으며, 게이트볼은 생활체육의 한 분야로서 노인층을 중심으로 활발하게 전개되고 있다. 전국 규모 대회도 성황리에 개최되고 있으며, 우리나라는 1986년부터 세계선수권대회에도 매번 참가하고 있다.

• 파크 골프(Park Golf)

　파크 골프는 Park(공원)와 Golf(골프)의 합성어로서 용어 그대로 공원에서 치는 골프이다.

　잘 가꾸어진 잔디에서 맑은 공기 마시고 햇볕을 받으며 부부, 친구, 노인들도 함께 즐길 수 있는 '커뮤니케이션 스포츠'이다. 장비나 시간에 크게 구애받지 않으며, 가까운 지역 주변에 설치되어 있으므로 접근성이 용이하다.

　파크 골프는 골프채를 하나만 사용하는데, 클럽은 로프트의 각도(지면으로부터 수직인 선과 공이 닿는 면과의 사이의 각도)가 없으므로 세게 휘둘러도 멀리 안 나가는 까닭에 장타에 대한 위험이나 부담감이 없다. 특히 골프에 관심이 있어도 여건이 맞지 않아서 골프할 기회를 얻지 못한 사람들이나 은퇴한 노인들에게는 안성맞춤이다. 9개 홀이 거의 붙어 있으므로 체력 부담이 적어서 장애자나 여성, 노인들도 누구나 참여가 가능하다는 장점이 있다.

　경기 용어나 규칙이 일반 골프와 비슷하며 일반 골프와 같이 매너를 중요시하는 스포츠이기 때문에 단정하고 편한 복장으로 경기에 임하면 된다.

9홀을 기본으로 파3(40~60m) 4개, 파4(80~100m) 4개, 파5(120~150m) 1개로 구성되어 있으며, 기준 타수는 33타가 된다.

강원도 화천에는 아름다운 파크 골프장을 건설하여 전국에서 파크 골프 동호인들이 파크 골프 관광을 오기도 하며, 각종 유명한 대회도 유치하여 지역 홍보와 지역 경제에 큰 도움이 되고 있다.

2022년 9~10월에 화천산천어파크골프장과 생활체육공원파크골프장에서는 전국 부부(가족) 파크 골프 대회를 유치하였는데, 참가 신청 팀이 너무 많은 관계로 예선전을 3차에 걸쳐서 진행할 정도였다고 한다. 전국 각지에서 방문한 많은 선수들과 가족들이 며칠씩 그곳에 머물렀으니 지역 경제에 얼마나 많은 도움이 되었는지 쉽게 짐작이 된다.

파크 골프가 유명세를 타고부터 현재 각 지역에서는 대부분 파크 골프장이 건설되어 있으며, 아직까지도 파크 골프장이 없는 지역에서는 주민들, 특히 노인들의 간청으로 파크 골프장 건설에 박차를 가하고 있다.

파크골프가 이젠 생활체육(스포츠)으로서 완전히 자리를 잡았으며, 지역 주민들은 각 지역의 파크골프협회에 가입하면 누구나 가장 저렴한 비용으로 이용할 수 있다. 파크골프는 1983년 일본 홋카이도에서 시작됐으며 현재 홋카이도에는 600여 개의 파크골프장이 있을 정도로 인기가 많다. 우리나라는 1998년도에 도입이 되어서 역사는 짧지만, 파크 골프 인구에 비하여 파크 골프장이 부족할 정도로 인기가 높다.

2022년도 대한파크골프협회에 등록 회원이 전년 대비 66% 늘어났으며, 현재 국내 파크 골프를 즐기는 사람은 20만 명으로 추정하고 있다. 파크 골프는 문화체육관광부장관이 발급하는 생활스포츠지도사 자격증을 현재 발급하고 있다. 자격 취득 과정은 필기, 실기, 구술, 연수, 실습 등으로 힘든 과정이지만 노인들이 도전하기에 충분하다.

현재는 각 파크 골프장에 스포츠지도사 배치를 권장하고만 있지만, 조만간 파크 골프장에 골프 지도자 배치를 의무화하도록 행정법령이 개정할 것으로 예상하고 있다.

• 한궁

한궁은 우리나라에서 개발한 생활체육(스포츠)으로서 전통 놀이인 투호와 전통 종목인 궁도, 서양의 양궁과 다트의 장점을 살려서 IT 기술을 접목해 만든 뉴 스포츠이다.

한궁은 양손 모두 사용이 가능하며 던지는 능력과 정확성을 길러주며, 집중력과 근력, 유연성 향상에도 도움이 된다. 한궁은 난이도 자체가 높지 않고, 부상의 위험도 거의 없으므로 남녀노소 누구에게나 적합하며, 설치도 간편하고 공간을 많이 차지하지 않으므로 실내외 어디서나 쉽게 설치하여 즐길 수 있다.

한궁의 운동 효과로는 좌우 뇌의 활동을 증진시켜 집중력이 향상되며, 신체의 유연성과 몸의 좌우 균형을 유지하는 데 효과적이다. 특히 노인들에게는 치매 예방에 도움이 된다고 인식되어서 전국에 산재해 있는 대한노인회 각 지회에서는 한궁 대회를 매년 개최하는 곳이 많다.

내가 살고 있는 삼척지회에도 모든 경로당에 경로회원들이 언제든지 한궁을 즐길 수 있도록 장비가 설치되어 있다. 그리고 삼척시 노인지회에서는 매년 분회별로 지회장배 한궁 대회를 개최하고 있으며, 강원도에서도 각 시군별로 매년 지역을 순회하면서 한궁 대회를 개최하고 있을 만큼 노인들에게는 인기가 많은 생활체육이다.

각 경기에서 1세트 당 10회 투구하며, 오른손과 왼손 각각 5회씩 투구하는데, 오른손과 왼손 각각 5회씩 투구할 때 50초 이내의 제한된 시간 내에 투구를 해야 한다. 세트 간 시간은 단체전 1분 이내, 개인전은 30초 이내로 진행되며, 개인전과 단체전으로 경기를 진행한다.

한궁은 국내에서 개발했지만, 현재는 해외 다른 나라에서도 보급이 되어 있으며, 대한한궁협회와 세계한궁협회가 한궁 개발자 고향인 충남 청양군 소재에 위치하고 있다.

• 노인들을 위한 생활체육(스포츠)의 역할

'생활체육(스포츠)'이란 학교 체육을 제외한 사회에서 일반인들이 참여하는 모든 스포츠 활동을 말한다. 노인들이 즐겨하는 게이트볼이나 파크골프, 한궁 등은 모두 생활체육(스포츠)에 해당이 된다.

'체육'이라는 용어의 의미는 원래 학교에서 학생들이 체육 시간에 활동하는 체육 활동을 말하는 것이다. 과거에 우리나라가 경제적으로 후진국이었을 때는 일반인들의 체육 활동이 거의 없었기 때문에 모든 사람들이 하는 운동을 체육 활동이라고 정의하였다. 그러나 우리나라가 경제 성장을 이루고 국민들이 건강에 관심이 높아지면서부터 운동의 필요성을 느끼고 실제로 운동에 참여하는 사람들의 수가 계속 늘어났다. 1980년대 접어들고부터 일반인들이 사회에서 실시하는 체육 활동을 '사회체육'이라고 부르기 시작하였다.

'사회체육'이라는 용어는 일본에서 1975년도에 유럽에서 헌장으로 채택한 Sport for All(모든 사람을 위한 스포츠) 운동에 착안하여 한자어로 '사회체육(社會體育)'이라는 용어를 사용했는데, 우리나라에서도 그 용어를 그대로 번역해서 사용했던 용어이다. 그래서 우리나라도 86아시안게임과 88올림픽을 앞두고 각 대학에 '사회체육학과'가 탄생하게 되었다. 그러나 정부에서는 일본에서 사용하고 있는 '사회체육'이라는 용어보다는 순수한 우리말의 용어를 사용하자는 의견이 많아져서 공모를 한 결과 '생활체육'이라는 용어를 사용하는 것이 합당하다는 의견이 가장 높게 나타나서 '생활체육'으로 사용하게 되었다.

그 결과 정부에서는 1989년 국민생활체육진흥계획(일명 호돌이 계획)에서 공식적으로 '생활체육'이라는 용어를 사용하게 되었으며, 이후 체육부 내의 사회체육과가 생활체육과로 명칭이 개편(1990년)되었다. 그 후 1993년 12월 31일 생활체육이 국민체육진흥법에 삽입됨으로서 그 이후로는 '생활체육'이라는 용어를 가장 많이 사용하게 되었다.

우리나라도 주 5일 근무제가 정착된 후 여가 시간이 많이 늘어났으며, 많은 여가 시간을 통하여 다양한 스포츠 활동을 시작하는 계기가 되었다. 따라서 일반인들이 하는 운동을 체육이라는 용어보다는 '스포츠'라는 용어를 더 많이 사용하게 되었으며, 여가 시간에 하는 스포츠를 '레저스포츠'라는 용어로 부르게 되었다.

'레저스포츠'라는 신종 용어는 영어 사전에도 없는 우리나라 사람들만 사용하는 신종 용어가 되었다(김홍백: 레저스포츠총론, 2015). 2019년도 강원대학교에 국내에서는 처음으로 '레저스포츠학과'가 개설되었으며, 현재는 전국 100개 이상의 대학에 '레저스포츠학과'가 개설되어 있는 실정이다.

'스포츠'라는 용어는 체육이라는 용어보다는 더 광의적(廣義的)인 개념으로 사용하고 있다. 그래서 지금은 대한체육회 내에서도 스포츠라는 용어를 포괄적으로 사용하려는 경향이다. 그 예로 한국스포츠심리학회, 한국스포츠사회학과, 한국스포츠산업경영학회 등 명칭을 '체육'에서 '스포츠'로 변경하였으며 앞으로도 더 많은 변화가 있으리라 예상된다.

생활체육지도자라는 명칭도 이제는 생활스포츠지도자로 명칭이 변경되었다. 그러나 우리는 생활체육이라는 용어가 습관처럼 익숙해져 있으므로 생활스포츠라는 용어로 정착되기까지는 오랜 시간이 걸릴 것으로 예상된다.

잘 자야 한다

사람들은 잠을 자야만 살 수 있다. 젊었을 때는 항상 아침에 일어나면 잠이 부족한 것 같아서 힘들지만 노인이 되면 깊은 숙면을 취할 수가 없어서 힘들어 한다.

우리는 하루 중 상당한 시간을 수면으로 보낸다. 수면 시간은 개인에 따라서 그리고 나이에 따라서 다르지만 만일 하루에 8시간을 잔다면 하루의 1/3을 자는 셈이며, 삶의 전체를 봐도 1/3은 잠을 자는 시간으로 보낸다.

◆ **왜 충분한 수면이 필요한가?**

대부분 어린아이들은 특별한 이유가 없다면 잠을 쉽게 잘 잔다. 어린 시절에 충분한 수면을 취하면 성장과 두뇌 발달에 도움이 된다. 그러므로 어린아이들은 8시간 이상씩 충분한 수면을 취할 수 있도록 해 주는 것이 좋다. 충분한 수면이 필요한 이유는 수면 중에 성장 호르몬이 가장 왕성하게 분비되기 때문에 어릴 때는 충분히 자야 하는 이유이다. 성장 호르몬은 성인의 몸에도 중대한 역할을 한다. 적절한 성장 호르몬은 노화를 막아주는 역할을 하기 때문이다.

깊은 수면은 몸과 마음을 회복시키고 렘수면은 일과 중 쌓인 감정을 처리하는 기능이 있는 만큼 수면이 부족하면 우울해진다. 실제로 불면증 환자의 절반 이상은 우울증·불안 장애를 호소하고, 우울증 환자의 3명 중 2명은 불면증을 호소한다. 수면 부족으로 우울해지는 경우가 더 많은 편이다. 또한 수면 부족은 심혈관 질환과도 관련이 있다. 수면 중에는 깨어 있을 때보다 혈압이 10% 정도 떨어지는데, 잠을 잘 자지 못하면 지속적으로 교감 신경계가 항진돼 심혈관계 위험이 증가한다.

충분한 수면은 피로를 풀어주는 기능도 있어 생활의 에너지를 충족시켜 준다. 충분한 수면을 취하지 못하면 다음 날 활동에 많은 장애가 된다. 그리고 충분한 수면과 휴식은 노폐물을 배출하는데 도움을 주며 에너지를 충전하는 데 도움을 준다.

적절한 수면 시간을 지키지 못하면 면역력이 떨어지고 백혈구 림프구의 활동성이 저하되므로 건강한 몸을 위해서도 적절한 수면이 필요하다. 수면 부족은 암 발생과도 연관이 있다. 이는 수면이 면역 체계, 대사, 호르몬, 세포 기능 등에 영향을 미치기 때문이며, 특히 수면 부족은 신체의 염증 반응을 높여 암 발생 위험을 증가시킨다.

◈ **적당한 수면 시간은?**

'잠은 얼마나 오래 자느냐?'도 중요하지만, '얼마나 숙면을 취하느냐?'도 중요하다.

전문가들은 잠을 짧게 잘 수밖에 없다면, 짧은 시간 동안 깊이 잘 수 있는 방법을 권장하고 있다. 수면의 양도 중요하지만 질도 그만큼 중요하기 때문이다.

하루에 수면을 취하는 데 필요한 수면 시간은 7~8시간이다. 신생아는 태어나면 뇌 발달에 에너지를 많이 사용함으로 잠으로 에너지를 보충하기 위하여 먹고 자고, 먹고 자면서 하루에 14~17시간씩 잠을 자게 된다. 그러나 노인들은 뇌가 발달할 이유가 없으므로 에너지원이 사용되지 않기 때문에 수면 시간이 자연스럽게 줄어들게 된다. 많은 노인들이 불면증으로 인하여 고통을 받고 있으며, 심지어 수면제에 의존하여 잠을 청하는 노인들도 많다.

사람은 체온이 낮을 때 쉽게 숙면을 취할 수 있는데, 하루 중 체온이 가장 낮을 때가 새벽 2~4시라고 한다. 직업상 밤에 일을 하고 낮에 잠을 자야 하는 사람들은 낮에 깊은 잠을 자지 못하는 이유도 여기에 있다.

반면 새벽 5시부터는 맥박이 빨라지기 시작하는데, 하루 중 인간의 뇌 활동이 가장 활발한 시간은 아침 6~8시 사이이다. 그러므로 밤늦게 공부하는 것보다는 아침에 일찍 일어나서 공부하는 것이 집중력도 잘 되므로 학습에는 더 효과적이라고 볼 수 있다.

연령별 권장 수면 시간
(7~8시간 수면이 최적)

연령	권장 수면 시간
1~2세	11~14 시간
3~5세	10~13 시간
6~13세	9~11 시간
14~17세	8~10 시간
18~25세	7~9 시간
25세 이상	7~8 시간

<미국 국립 수면재단, 연령별 평균 수면 시간>

 하루에 규칙적으로 수면을 취해야 건강에도 좋고 머리가 맑아져서 공부나 일도 능률적으로 할 수 있다. 그러나 직장인들은 잦은 야근이나 회식으로, 학생들은 긴 공부 시간으로 인하여 충분한 수면 시간을 가질 수가 없는 것이 현실이다.

 사람의 수면 리듬은 뇌의 시상 하부가 조절한다. 그래서 보통 아침 6~7시면 깨어나고, 오후 3시쯤에 잠깐 졸렸다가, 밤 10시가 넘으면 졸리는 것이 보통이다.

◈ 노인들이 깊은 잠을 못자는 이유는?

 국내 인구 3명 중 1명은 일생에 한 번은 불면증을 겪는다고 한다. '숙면'은 건강한 삶을 위한 첫 단계인 만큼, 불면증을 너무 쉽게 생각해서는 안 된다. 특히 노인이 되면 사람에 따라 차이는 있지만 대부분 깊은 잠을 자지 못한다. 대부분 아침에 일어날 때까지 2~3번은 잠에서 깨어나며 중간에 화장실도 다녀온다. 젊었을 때는 중간에 잠이 깨어나도 곧바로 잠이 들지만 노인들은 잠에서 한 번 깨어나면 곧바로 잠이 들지 않는다. 노인들은 대부분 잠에서 깨어나면 화장실을 다녀오기도 하는데 화장실을 갔다 오고나면 잠이 통째로 날아가 버린다. 그래서 노인이 되면 부부 간에도 잠자리를 같이하는 것이 불편할 때가 많다. 부부 간에 깊은 잠을 자지 못하므로 뒤척이기도 하고, 화장실도 다녀오기도 하니 잠을 자는 데 서로 방해가 되기 때문이다.

노인들은 수면 시간이 짧을 뿐만 아니라 수면의 질도 나빠져서 얕은 잠을 계속 자며 꿈도 많이 꾸게 된다. 노인들의 이러한 특성을 젊은이들이 어떻게 알겠는가? 나도 젊었을 때는 이해가 되지 않았지만 노인이 되고 보니 이제야 알게 되었다.

노인이 되면 수면 시간이 줄어들고 깊은 잠을 못 자는데 그 이유로는,

① 시력이 나빠지므로 빛 전달이 적어서 뇌가 낮에도 건강하게 깨어 있지 못하기 때문이다.

② 노인이 되면 뇌가 줄어들고 호르몬도 줄어들면서 생체 시계가 노화되기 때문이다.

③ 멜라토닌의 분비가 감소되기 때문이다.

④ 낮에 왕성하게 활동을 하여야 수면 욕구가 생기는데 활동 반경이 줄어 들기 때문에 수면의 욕구가 감소된다.

⑤ 노인이 되면 뇌 시상 하부가 노화가 되어 수면 주기가 흐트러지기 쉽다. 특히 잠을 자면 체온이 조금씩 떨어지다가 잠이 깨면 정상적으로 돌아오는데, 시상 하부가 노화되면 이 주기가 2~3

시간 앞당겨지기도 한다.

⑥ 비대해진 전립선이 방광을 자극하거나, 방광이 지나치게 예민해진 과민성 방광 때문에 밤에 소변을 자주 보게 된다.

⑦ 노인이 되면 불필요한 걱정으로 인하여 불안과 스트레스를 많이 느끼게 된다. 심리적으로 불안정하게 되면 교감 신경계를 지속적으로 자극하게 되는데, 밤에는 육체적으로 정신적으로 휴식이 필요함에도 불구하고 교감신경계를 계속 자극하여 안정을 가져올 수가 없기 때문이다.

⑧ 나이가 들면 코를 심하게 골거나 무호흡 증세가 있는 사람들이 있다. 이런 사람들은 깊은 잠을 자는데 어려움이 있다. 무호흡 증세가 심할 경우 갑자기 사망에 이를 수도 있기 때문에 병원에 가서 상담을 받아야 한다.

⑨ 우울증 치료제, 기관지 확장제, 중추 신경 자극제 등의 약물을 복용하게 되면 불면증을 유발할 수가 있다.

◈ 잠을 잘 자기 위한 방법은?

적절한 수면 시간을 유지하기 위해서는 잠자기에 최적의 수면 환경을 조성해 주는 것이 중요하다. 음식을 많이 섭취하여 배가 불러도 잠자는 데 불편하며, 너무 공복 상태에도 잠자는 데 불편하다. 침실에는 커튼을 설치하여 불빛을 막아주고, 침실의 온도는 18~22도가 적당하며 습도는 50~60%를 유지하는 것이 좋다.

① 먼저 수면 시간을 일정하게 갖는 것이 좋다. 잠자는 시간이 규칙적이지 못하면 노인들은 쉽게 잠이 들지 않는다.

평소에 잠자는 시간을 놓쳐서 늦게 자는 경우에도 리듬을 잃고 잠을 놓치는 경우도 발생한다.

노인들 중에는 습관이 되어서 저녁 먹고 곧바로 잠자리에 들어가는 사람들도 많은데, 좋은 습관은 아니다. 초저녁에 잠자리에 들면 한밤중 2~3시에 잠에서 깨어나는데 거실에 나와 불을 켜게 되면 가족들에게도 피해를 준다.

잠자는 시간도 습관이 되면 변경하기가 쉽지 않다. 저녁 먹고 곧바로 잠자는 노인들은 일단 습관이 되면 그 시간에 졸음을 참기가 어렵다. 너무 일찍 잠자리에 들면 다른 가족들이 불편해진다. 부모와 자식이 함께 살면 가장 불편한 부분이 이런 것이다. 젊은 부부들은 TV 연속극도 봐야 하며 아이들은 공부도 해야 되는데 부모님들은 일찍 잠자리에 들어가니 서로가 너무 불편한 것이다. 잠을 쉽게 청하지 못하는 사람들은 잠자기 2~3시간 전에 따뜻한 물로 목욕이나 샤워를 하는 것도 좋은 방법이다.

② 현대인의 수면을 방해하는 대표적인 원인 중 하나는 스마트폰을 비롯한 전자 기기의 과다 사용이다. 잠자기 전 스마트폰을 많이 사용한 사람들은 스마트폰에서 나오는 강한 빛, 특히 블루라이트가 뇌를 각성 상태로 만들기 때문에 수면을 방해한다. 휴대 전화 및 전자 기기의 빛은 수면 호르몬인 멜라토닌 분비를 억제하여 몸을 긴장하게 한다. 그러므로 잠자리에 들기 전 최소 두

시간 전에는 스마트폰, 컴퓨터, 태블릿PC 같은 전자 기기를 멀리해야 한다.

③ 술과 담배, 커피와 같은 기호 식품도 많이 섭취하면 수면에 방해가 된다. 술에는 알코올 성분이, 그리고 우리가 즐겨 마시는 커피나 탄산음료에는 다량의 카페인이 들어 있다.

알코올과 카페인은 각성 상태를 높여주는 성분이 있으므로 수면에 방해가 된다. 카페인이 함유된 녹차나 커피 대신, 잠을 유도하는 성분이 들어있는 우유나 바나나, 상추, 둥굴레차 등을 먹는 것이 좋다.

간혹 술을 먹어야 잠을 잘 잔다는 노인들도 있는데 이러한 습관은 매우 위험하다. 잠자기 전에 섭취하는 알코올은 또 다른 질병을 유발할 수 있기 때문이다. 인체에 적당한 알코올 양으로는 2잔 이내가 좋다고 한다. 특히 오후나 저녁에 섭취하는 카페인은 사람의 체질에 따라 불면증의 원인이 될 수도 있으므로 각별히 유의해야 한다.

④ 잠을 자더라도 코를 심하게 골거나 수면 무호흡증이 나타나면, 깊은 잠을 자는 것이라고 볼 수 없다. 과체중인 사람들은 코를 심하게 고는 사람들이 많은데, 코를 심하게 골게 되면 가족들에게도 수면 방해를 주게 되므로 체중을 줄이는 것이 최선의 방법이다.

⑤ 오후에는 낮잠을 피해야 한다. 낮잠을 자고 밤에 잠을 충분히 자지 못하면, 그 다음 날 낮에 또다시 졸리게 되어서 악순환이

계속 된다. 가능하면 낮잠은 피하는 것이 좋지만, 불가피하여 잘 때도 간단히 쪽잠을 자는 것이 좋다.

⑥ 잠자리는 가능한 변경하지 않은 것이 좋다.

집을 떠나서 다른 곳에 잠을 청할 경우 심한 불면증을 겪는 경우도 있다. 잠자리는 일정한 곳으로 정하면 좋지만 여행을 한다든지 친척집을 방문하는 등 불가피할 경우가 발생할 때가 있다. 그래서 여행을 할 때 베개를 갖고 가는 사람들도 있다.

⑦ 낮에는 가능한 활동을 많이 한다.

낮에는 가능한 집에 혼자 있는 시간을 최대한 줄이고 밖에서 활동하는 시간을 늘려야 한다. 규칙적으로 운동을 하면 가장 좋은 방법이지만 여건이 안 되면 노인회관이나 노인 복지관에 가서 친구들을 만나서 소통을 하는 것도 좋은 방법이다.

낮 동안의 활동은 신체에 어느 정도 피로감을 주어서 숙면을 취하는데 도움을 준다.

⑧ 잠자리에 들었는데 20분이 지나도록 잠이 오지 않는 경우 일어나서 거실이나 다른 방으로 가서 책을 보든지 조용한 음악을 듣다가 졸음이 오면 그때 다시 잠자리에 든다.

잠이 오지 않은데 억지로 잠을 청하려고 하면 머리만 아프고 잠은 더 오지 않는다.

잘 배설해야 한다

　사람은 먹어야 살 수 있으며, 먹은 음식은 뱃속에서 소화가 되어서 에너지가 되고, 필요 없는 노폐물은 배설한다. 이 원칙이 이루어지지 않으면 건강을 유지할 수가 없다. 그러나 나이가 많아서 노인이 되면 식욕도 줄어들 뿐만 아니라 소화 기능도 부족하여 어려움을 호소하는 노인들이 늘어난다.
　주위에서도 '밥맛이 없다, 소화가 잘 안 된다'라고 호소하는 노인들을 쉽게 볼 수 있다. 노인들이 입맛이 떨어지고, 먹는 양도 떨어지고, 소화 기능마저 떨어지면 결국은 영양 결핍 현상이 일어나게 된다.
　실제로 노인들 중 많은 사람들이 필요한 에너지양의 70% 정도만 섭취한다고 하며, 특히 단백질 섭취량이 부족한 것으로 나타나고 있다. 노인들은 치아가 약해지므로 음식을 먹을 때도 어려움이 있으며, 소화 기관의 기능도 떨어져서 자연히 음식을 소화하는 능력도 떨어지게 된다. 조금만 먹어도 배가 더부룩하고 소화가 잘 되지 않은 느낌이 든다. 그러므로 노인들은 한꺼번에 많은 양의 식사를 하는 것보다는 적당한 양으로 끼니를 거르지 않고 빠짐없이 찾아먹는 것이 중요하다. 또한 하루에 200칼로리 정도의 간식을 섭취하는 것도 좋으며, 간식은 당의 성분이 적은 과일이나 야채, 견과류 등이 좋다.

◈ 노인이 되면 소화 기능이 떨어지는 이유

① 노화로 인하여 자연히 소화 기능이 떨어진다.

② 노인이 되면 위장에서 위산과 펩시노겐의 분비가 증가하게 되는데, 점막을 보호하고 있는 물질 생성은 오히려 저하되기 때문이다.

③ 노인이 되면 헬리코박터균에 쉽게 감염이 되어서 소화 기능이 떨어진다.

④ 만성 질환으로 인하여 약물을 과다 복용하기 때문에 소화 기능이 약해진다.

⑤ 오랜 음주, 흡연, 정신적 스트레스 등으로 인하여 소화 기능이 약해진다.

5

적당한 체중 유지하기

　사람의 체중은 그 사람의 건강을 간접적으로 반영해 주는 척도이다.

　적당한 체중을 계속 유지하고 있다는 것은 건강하다는 증거이다. 노인이 되어서 1년에 5kg 이상 체중이 늘어났다거나 5kg 이상 줄었다는 것은 일단 의심해 보아야 할 일이다. 20대 중반의 체중을 지금까지 유지하고 있다는 것은 좋은 건강을 지금까지 잘 유지해오고 있다는 것을 말해 준다.

　일반적으로 비만은 여러 가지 질병을 일으키는 요인으로 인식하고 있지만 노인들에게는 저체중이 비만보다 더 위험한 것으로 전문가들은 말하고 있다. 2019년 한림대학교 연구에 의하면 65세 이상 노인들을 대상으로 체중의 범위를 체질량 지수로 환산하여 비교한 결과 22.5 이하가 저체중, 22.5~25.0 사이는 정상 체중, 25.0 이상이면 과체중으로 분류하였다. 그런데 연구에서 체질량 지수가 25.0 이상인 비만자들보다는 22.5 이하인 저체중인 노인들의 사망률이 더 높았다고 한다.

◈ 노인들이 저체중에 이르는 원인으로는

① 단백이 부족하여 근육량이 줄어들었기 때문이다.

　　노인들은 치아 상태가 좋지 않으며 소화 기능이 좋지 않으므로 고기 먹는 것을 좋아하지 않는다. 이와 같은 이유로 인하여 단백질을 전혀 섭취하지 않는 노인들은 저체중이 될 가능성이 높다. 그러므로 일정량의 고기를 야채와 함께 가끔씩 섭취함으로서 단백질을 보충하여야 한다.

② 노인이 되어서 활동량도 줄어들고 영양섭취도 줄어들면 근육량이 줄어든다. 노인들은 근육량을 늘리기 위해서는 많이 움직여야 하며 필요한 영양 섭취도 이루어져야 한다.

③ 체내의 수분량이 줄어들기 때문이다.

　　인체는 70% 이상이 수분으로 구성되어 있다. 그러나 나이가 들면 수분량이 계속 줄어든다. 그래서 노인이 되면 젊은이들보다 땀도 적게 난다. 몸에 수분량이 적으므로 겨울철에 추위도 젊은이들 보다 더 많이 탄다. 노인들은 물을 많이 흡수하는 것이 저체중을 예방하고 건강을 지키는 일이다.

④ 만성 질환이나 약물복용 등으로 인하여 입맛이 떨어지고 식욕이 부진하여 식사량이 너무 적으면 저체중의 원인이 될 수 있다. 노인들은 대부분 만성 질환을 갖고 있다. 따라서 약을 매일 복용하고 있는 실정이다. 약물을 복용하더라도 입맛을 잃지 않고 식사를 제대로 할 수 있도록 유의해야 한다.

⑤ 노인들이 불안하거나 우울하여 스트레스를 받게 되면 스트레스에 반응하는 호르몬의 양이 줄어들어서 체지방은 증가되고 그로 인하여 만성적인 염증 반응이 신체에 영향을 미쳐서 성장 호르몬이 감소하게 된다.

⑥ 노화로 인하여 소화 기능이 떨어지면서 소화 흡수 장애가 되어서 식사를 제대로 할 수가 없는 경우이다.

⑦ 독거노인들은 일상생활 능력이 떨어지고 귀찮기도 하므로 식사를 대충하는 경우가 빈번하다.

◆ **정상 체중이란?**

일반적으로 사용하고 있는 정상 체중의 적정 체중이란 전 세계적으로 사용하고 있는, 전 연령층을 대상으로 가장 사망률이 낮은 범주에 속해 있는 체중을 적정 체중으로 보고 있다. 국내에서도 적정 체중을 정하는 기준은 사망률을 기준으로 정한 것이다. 따라서 이 기준보다 적으면 저체중, 많으면 과체중 즉, 비만이라고 부르고 있다.

정상 체중이란 정상 범위 내에 드는 체중을 말하며 일반적으로 표준 체중의 90~110%에 해당하는 체중을 말한다. 정상 체중을 유지하기 위해서는 적절한 에너지 섭취와 알맞은 활동으로 섭취된 열량과 소비된 열량이 균형을 이루어야만 정상 체중을 유지할 수 있다.

섭취한 열량만큼 소비를 하지 못하면 열량이 쌓여서 체중이 늘어날 수밖에 없으며, 소비되는 열량만큼 열량을 섭취하지 못하면 당연히 저체중이 되는 것이다. 특히 노인들은 비만이 되었거나 저체중에 놓이게 되면 다시 정상 체중으로 회복시키기가 어렵다. 그러므로 정상 체중을 유지하기 위해 사전에 세심한 주의를 기울여야 한다. 정상 체중을 유지하는 것이 장수로 가는 올바른 길이기 때문이다.

정상 체중을 브로카 변법 체중으로 계산을 하면,

[신장(cm)-100] × 0.9 = 표준 체중

예를 들어서 신장이 170cm인 사람이라면, (170-100) × 0.9 = 63kg이다

위의 공식은 남녀 평균의 표준 체중인데, 남자와 여자는 체질이나 체격이 다르기 때문에 같은 원칙으로 적용하면 곤란하다.

남녀 별로 다르게 적용된 표준 체중 계산 방법은 다음과 같다.

남자: 신장(m) × 신장(m) × 22 =

여자: 신장(m) × 신장(m) × 21 =

예를 들어서 위의 공식에서 170cm를 남녀 별로 대입했을 때 남자는 63.6kg이 표준 체중이며, 여자는 60.7kg으로 나왔다. 남자와 여자는 골격이나 근육량이 각자 다르므로 남녀별로 구분하여 적용하는 것이 적절하다. 그러나 남자나 여자가 모든 특성이 다르듯이 같은 남자나 같은 여자가 동성이라도 체격이나 체질, 근육량 등 각각 특성이 다르기 때문에 이 공식을 일반화하기에는 문제가 있다.

[신장 대비 표준 체중]

남자			여자		
신장 (cm)	표준체중 (kg)	정상체중 (kg)	신장 (cm)	표준체중 (kg)	정상체중 (kg)
160	60	54~66	150	47	42~46
170	64	58~70	155	51	46~50
175	67	60~66	160	54	49~54
180	71	64~78	165	57	51~56
185	75	68~83	170	61	55~60
190	79	71~87	175	64	58~70
195	84	76~92	180	68	61~75

예를 들어서 선천적으로 골격이 남다르게 크게 태어났다든지, 유도 선수나 씨름 선수들처럼 운동으로 인하여 근육량이 많은 사람들은 이와 같은 공식을 적용하면 맞지 않다. 특히 임산부나 노인들도 이 규정을 적용하기에는 문제가 있다.

비만이 질병의 근원이 된다는 것은 몸속에 있는 과다한 체지방이 문제가 된다는 것이다. 그래서 몸속에 있는 체지방 성분의 비율을 정확하게 알아보는 것이 가장 중요한 정상 체중의 지표이다. 체지방 성분의 비율을 정확하게 알아보려면 신체 질량 지수를 측정해야 한다.

◈ 신체 질량 지수란?

신체 질량 지수(BMI: Body Mass Index)는 질병관리청에서 제공하는데 몸을 측정하는 인체 계측법으로서 몸무게(kg)를 키(m)

의 제곱으로 나눈 값이다. 이것은 영양 상태의 징후를 보이는 체지방을 측정하는 방법이며, 칼로리 영양 상태를 결정하는 방법으로 비만 여부의 척도로 사용하고 있다. 일반적으로 키와 몸무게만을 가지고 비만 지수를 측정할 때 많이 사용하는 방법으로 비만 측정 지수라고도 한다. 1830년대 벨기에의 과학자이자 수학자인 Adolphe Quetelet가 고안해 낸 지표로서 'Quetelet 지수'라고도 부른다.

신체 질량 지수(BMI) = 몸무게(kg)/키(m) × 키(m)

예를 들면 신장 170cm와 몸무게 64kg의 신체 질량 지수는,

64/1.7 × 1.7 = 22.1(체질량 지수)

신체 질량 지수 22.1은 정상 체중에 해당된다.
아래 표는 대한비만학회와 세계보건기구(WHO)에서 사용하고 있는 신체 질량 지수(BMI) 분류표이다.

[비만 정도와 체질량 지수(BMI)]

순	비만정도	신체 질량 지수
1	저체중	18.4이하 kg/㎡
2	정상체중	18.5~22.9 kg/㎡
3	과체중	23~24.9 kg/㎡
4	경도비만	25~29.9 kg/㎡
5	고도비만	30~34.9 kg/㎡
6	위험수위	35이상 kg/㎡

그러나 신체 질량 지수를 너무 신뢰하는 것은 무리이다.

신체 질량 지수는 단순히 키와 몸무게로만 측정을 한 것인데 사람은 개인의 특성에 따른 골격과 근육량, 체지방률 등이 각각 다르게 나타나는데 이런 부분은 고려하지 않고 일반적인 수치만 적용했기 때문이다.

동일한 키와 몸무게임에도 불구하고 더 날씬해 보이거나 또는 뚱뚱해 보이는 경우도 있다. 근육은 같은 부피의 지방보다 무겁기 때문에 근육량이 많은 경우 체질량 지수가 높게 나와도 정상인 경우도 있다. 평소에 운동으로 인하여 근육량이 많은 격투기 선수들이나 씨름, 유도, 보디빌더 같은 선수들이 여기에 해당된다. 또한 운동을 안 하면 근육량이 없기 때문에 겉보기에는 살이 찌거나 체중이 많이 나가지 않게 보이나 체지방률이 높게 나오는 마른 비만 같은 경우에는, 체질량 지수로는 저체중 또는 정상으로 나올 수 있지만 체지방률은 높게 나오기도 한다. 같은 수치라도 여성들의 체지방률이 남자들보다 더 높게 나온다는 것도 참고하기 바란다.

이런 수치 계산의 불편함과 체질에 따른 특성을 고려하여 요즘은 체성분 검사기(In Body)를 통하여 인체의 성분(수분, 단백질, 지방, 골격 등)의 수치와 비만 여부 등을 체크할 수 있게 되었다.

체성분 검사기는 보건소나 주민센터, 가까운 헬스장 등에 구비되어 있는데, 보건소에 가면 무료로 언제든지 측정할 수 있다. 요즘은 체성분 검사기가 다양하게 출시되고 있다.

◆ 노인들의 비만 문제

1997년 세계보건기구(WHO)는 비만을 단순히 미용과 생활양식의 문제가 아닌 질병으로 규정하였으며, 비만은 현 인류가 극복해야 할 중요한 질병 중 하나로 인식해야 된다고 발표하였다.

보통 비만이라고 하면 단순히 체중이 많이 나가는 것을 말하는데 정확히 비만은 체내에 많은 양의 체지방이 쌓인 상태를 말한다. 체중은 많이 나가지만 근육량이 많은 경우에는 비만이라고 부르진 않는다.

50세가 넘으면 체중은 높지 않으나 근육량이 줄어들면서 체내의 지방이 상대적으로 늘어남에 따라 흔히 말하는 '마른 비만'이 생기기도 한다.

최근에는 전신의 체지방 축적보다는 복부 비만이 더 위험하다고 경고하고 있으며, 피하 지방보다 복강 내 내장 지방의 축적이 더 위험하다고 보고하고 있다. 비만이 되면 심장이 제 기능을 발휘하지 못하여 조금만 움직여도 숨이 벅차며 체중 과다로 인하여 허리나 무릎 관절에 문제가 발생하기 쉽다.

2020년도 우리나라 성인들의 비만율은 38.3%로 나타나고 있으며, 전년보다 4.5% 증가하였다. 남성은 48.0%, 여성은 27.7%로 남성이 여성들보다 비만율이 더 높게 나타났다.

남성은 학력과 소득이 높을수록 비만율이 높으며. 여성은 학력과 소득 수준이 낮을수록 비만율이 더 높게 나타나고 있다. 또한 소아 비만을 방치하게 되면 80% 이상이 성인 비만으로 이어진다고 발표하였다.

• 비만의 원인은?

비만은 선천적인 요인이나 후천적인 환경 요인 등 다양하게 발생되고 있지만 대부분 다음과 같은 요인으로 발생한다.
- 에너지 섭취량이 에너지 소비량보다 많을 경우
- 섭취한 음식량에 비하여 활동량이 부족할 경우
- 불규칙한 식습관과 과식
- 칼로리가 높은 현대의 식생활 습관
- 식욕을 증가시키는 다양한 약재 등
- 특정한 유전자로 인해 식욕 조절 중추 기능에 문제가 있는 경우
- 과도한 스트레스 등으로 인한 과식, 폭식, 과음 등

• 비만의 예방은?

비만은 대부분 유전적인 요인이나 후천적 요인에 의하여 복합적으로 발생한다. 비만을 예방하기 위해서는 우선적으로 생활 습관을 올바르게 가져가는 것이 무엇보다도 중요하다.

우선 고열량의 음식을 줄이고 과식과 폭식, 과음을 금해야 한다. 그리고 저녁은 간단히 먹고 저녁엔 군것질을 금한다. 운동은 규칙적으로 꾸준히 해야 한다. 식사를 규칙적으로 하고 집 안에 머무르는 시간을 최소화하고 많이 움직이는 것이 좋다.

그러나 단식으로 인하여 무리하게 체중 감량을 하게 되면 체지방보다는 근육량이 손실되어 부작용이 더 발생할 수도 있다. 단식으로 체중 감량을 하게 되면 대부분 요요 현상이 발생하여 체중 감량에도 실패하는 경우가 많다. 그러므로 단시간에 체중 감량을 하려고 계획하지 말고 장기간 목표를 세워서 꾸준히 노력하

는 것이 무엇보다도 중요하다. 특히 부모가 비만인 사람의 자녀들은 비만에 더 주의해야 한다.

비만 체질로 분류되면 물만 먹어도 살이 찐다고 할 정도로 관리하기가 어렵다. 아동 비만은 성인 비만으로 이어지기 쉬우므로 어릴 때부터 특별히 유의해야 한다.

비만의 예방은 식단 조절과 운동을 병행하는 것이 최선의 방법이다.

비만인 사람은 정상 체중인 사람보다 사망률이 2배 이상 높다고 한다. 이것은 대사증후군(당뇨, 고혈압, 지방간)이나 동맥 경화로 인한 심혈관 질환 등이 모든 병의 근원이 되기 때문이다.

6

마음을 잘 관리해야 한다

　국가 대표 급의 훌륭한 운동선수가 되려면 먼저 그 종목에 맞는 신체 조건을 타고 나야 하며, 체계적인 훈련도 받아야 하고, 경험도 많이 축적해야 한다. 그러나 아무리 좋은 신체 조건에 과학적인 트레이닝을 하여 좋은 기량을 보유했음에도 불구하고 시합에 나가서는 자신의 기량을 제대로 발휘하지 못하는 선수들도 있다. 그래서 별명이 '연습용'이거나 '국내용' 등으로 불려지기도 한다. 그래서 사격이나 양궁 등 긴장이나 불안 등 각성 수준에 따라 경기 성적이 좌우되는 경기 종목은 선수나 지도자 모두가 적절한 각성 수준을 맞추기 위하여 마인드 컨트롤(mind control) 훈련을 반복적으로 실시하고 있다.

　운동선수들도 마음이 약하여 시합을 앞두고 심한 불안이나 스트레스를 극복하지 못하면 평소에 자신의 실력을 시합장에서 발휘하지 못하듯이, 일상생활에서도 누구나 자신의 마음을 잘 관리하지 못하게 되면 심할 경우에는 우울이나 불안 장애와 같은 질병으로 이어지기 쉽다.

사람이 살면서 항상 좋은 일만 있는 것이 아니며, 살다보면 누구나 힘들고 어려운 일이 발생한다. 그러나 똑같은 상황이 일어났을 경우, 어떤 사람은 별일이 아닌 듯 쉽게 지나가는데, 어떤 사람은 심각한 상황으로 판단하여 심한 불안이나 스트레스에 시달리기도 한다.

마음이 심약한 사람들은 쉽게 불안하고 스트레스도 많이 받기 때문에 질병에도 쉽게 노출된다. 모든 병은 마음에서부터 시작되기 때문이다. 심한 불안이나 스트레스가 모든 병의 근원이라는 것은 누구나 잘 알고 있다. 사람의 성격은 타고 나지만 본인의 노력이나 의지, 훈련에 따라서 성격도 변화시킬 수 있다.

누구나 노인이 되면 쉽게 마음이 불안해진다. 눈도 잘 보이지 않고, 귀도 잘 들리지 않고, 입맛도 떨어지고, 잠도 잘 안 오고, 먹어도 소화가 잘 안 되는 등등. 활동 반경이 좁다 보니 쓸데없는 생각이 계속 떠오르는 등 부질없는 생각들이 마음의 병을 만들기도 하고 키우기도 한다.

노인들이 겪고 있는 정신적인 고통 중 불안, 우울, 스트레스, 치매 등은 왜 많이 발생하는지? 그리고 그 대처하는 방법은 무엇인지? 등을 공유하고자 한다.

◈ 불안(Anxiety)

• 불안이란 무엇인가?

불안은 근심이나 걱정, 염려 등과 같은 부정적인 감정의 상태를 말한다. 즉, 마음이 불안하고 조마조마한 상태이다. 이러한 불안의 상태가 다른 사람에 비해 심할 경우에는 '불안 장애'라고 부른다. 불안 장애는 만성적으로 걱정이나 근심이 많아서 여러 신체적·정신적 증상이 나타나는 질환을 의미한다.

불안감이 높아지면 긴장하여 자율 신경이 날카로워지므로 업무에 집중하기 힘들고, 일상생활에도 많은 어려움이 발생한다. 연구에 의하면 여성이 남성보다 불안이 높은 것으로 나타나고 있다. 불안 장애가 발생하면 우울증도 함께 발생하는 경우가 많다.

성격이 내성적이고 소심한 사람들은 평소에도 다른 사람에 비하여 불안감을 쉽게 느끼는데, 이와 같은 성격적 성향을 선천적으로 타고 난 사람들의 불안을 특성 불안(trait anxiety)이라고 하며, 상황에 따라 매순간 일어나는 불안을 상태 불안(state anxiety)이라고 한다. 그러므로 특성 불안이 높은 사람은 상태 불안도 높다고 볼 수 있다. 또한 신체적으로 반응하는 신체 불안(Somatic Anxiety)과 인지적으로 반응하는 인지 불안(Cognitive Anxiety) 등으로 나누어 설명하기도 한다.

• 불안은 왜 생기는가?

불안의 원인은 매우 다양하고 사람마다 각자 다르게 나타난다.

사람은 각자 성격이 다르듯이 불안은 정신적인 질환으로부터 시작되는 경우도 있고, 복잡한 현대 생활에서 여러 가지 복잡한 문제가 갈등 상황으로 전개되어 발생하는 등 그 원인을 간단하게 규정하기는 어렵다.

의학적으로는 불안이나 우울 등의 정서적인 부분을 담당하는 뇌신경 내의 신경 전달 물질의 부족 또는 과다 현상이 발생하면 불안해진다고 하며, 유전적으로 타고난 뇌의 기능적 또는 구조적 변화로 인하여 불안을 일으키기도 한다고 한다.

사회 심리학적인 측면으로는 부정적인 주변 환경에 대한 과도한 인식, 주위 환경의 정보를 인지하는 과정의 왜곡, 특정 문제에 대한 자신의 대처 능력에 대한 부정적 시각으로 인한 부정확하고 부적절하게 위험을 인식하는 등에 의하여 불안이 높아진다고 한다. 특히 외상 후 스트레스 장애나 급성 스트레스 장애 등 극심한 정신적 충격 등이 주된 원인이 되기도 한다.

● 불안하면 어떤 증상이 나타나는가?

일상생활에서 불안감이 가끔 나타나는 것은 정상적인 현상이다. 긴장된 상황에서 불안을 느끼지 않는다면 오히려 비정상적인 현상이며, 과도한 불안을 느끼는 것이 문제이다. 그러나 불안감이 지속적으로 나타나 통제할 수 없을 만큼 정상적인 일상생활이 어려워지면 '불안 장애'라고 할 수 있다.

일반적으로 불안 장애는 다음과 같은 증상을 동반하고 있다.
- 불안으로 인하여 잠을 자지 못할 정도로 불면증이 심한 경우
- 사소한 일에도 지나치게 염려하고 예민해져서 집중을 할 수가 없음
- 항상 마음이 불안한 생각으로 가득 차 있으며 초조하고 쉽게 피로함
- 안절부절못하며 근육이 긴장하여 경직됨
- 가슴이 두근거리고 심장 박동이 빨라지며 호흡도 빨라짐
- 얼굴이나 가슴이 화끈거리며 손발이 저리고 입속이 마름

• 적당한 불안이란?

운동선수들은 시합을 앞두고 불안과 스트레스에 시달린다.

불안과 스트레스는 경험이 적은 선수일수록, 중요한 시합일수록 더 심하게 느낀다.

불안과 스트레스를 대처하기 위해서는 선수 자신의 역할도 중요하지만 지도자의 역할도 중요하다. 훌륭한 지도자가 되기 위해서는 지도자가 훌륭한 스포츠 카운슬러(Sport Counselor)가 되어야 한다. 한국스포츠심리학회에서는 매년 스포츠심리상담사 자격 연수를 통하여 1, 2, 3급의 전문 스포츠심리상담사를 배출하고 있다.

불안은 모든 운동 종목의 경기력에 영향을 미치고 있지만 특히 사격이나 양궁, 골프와 같은 종목에서는 경험이 많은 선수들도 불안이 경기 결과에 지대한 영향을 미치고 있다. 그럼 얼마 정도의 불안 수준이 경기력에 긍정적인 영향을 미칠까?

불안이 스포츠 경기력에 미치는 영향을 이해하기 위해서 일반적으로는 대부분 각성(Arousal)과 불안이 경기 수행력(Performance)에 미치는 영향을 분석하고 있다.

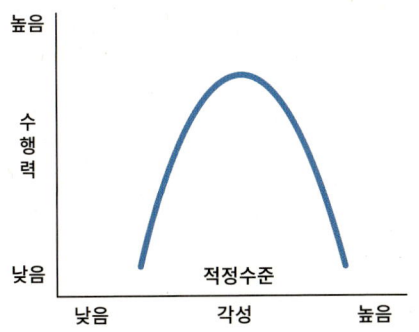

〈경기력과 수행력의 관계(Yerkes & Dodson의 역U이론)〉

스포츠심리학자들은 불안 이론으로 추동 이론, 역U 이론, 최적 수행 구역 이론, 다차원적 불안 이론, 번전 이론 등을 주장하고 있지만 대부분의 학자들은 역U 이론을 지지하고 있다.

Yerkes & Dodson가 주장한 역U 이론은 최적의 각성 수준까지는 수행력을 촉진시키지만, 그 수준 이상으로 각성이 높아지게 되면 수행력이 감소한다는 이론이다. 즉, 각성 수준이나 불안 수준이 너무 낮거나 높으면 경기 수행력이 감소하고, 적당할 때 경기 수행력이 가장 높게 나타난다는 것이다. 그러므로 선수나 지도자들은 각성 수준이나 불안 수준을 최적의 상태로 맞추기 위하여 다양한 심리 프로그램을 수행하고 있다.

운동 경기뿐만 아니라 일상생활에서도 같은 원리가 적용된다. 일상생활에서도 어느 정도 긴장이 되어서 적당한 각성 수준이 유지되면 삶의 의욕이 왕성하게 나타나는데, 불안이나 긴장이 전혀 없는 사람은 삶의 의욕을 잃고 살아가는 사람이라고 볼 수 있다. 또한 불안이나 긴장이 너무 높으면 불안 장애와 같은 질병이 발생하므로 이것도 문제가 된다.

• 불안 장애는 어떤 것이 있는가?

불안 장애는 다양한 원인으로 나타나고 있으므로 그 원인을 명확하게 설명하기란 한계가 있다. 성격적으로 타고난 유전적 요소가 영향을 미치기도 하며, 후천적으로 주위 환경적 요인이 불안 장애를 일으키기도 하는데, 그 종류는 다음과 같이 다양하게 나타난다.

- 범 불안 장애

일상적인 불안은 정상적이지만, 오늘 교통사고가 나면 어떡하지? 등과 같이 명백히 근거도 없는 사실을 지나치게 걱정을 하는 정신 질환을 말한다.

- 공황 장애

갑자기 극도의 두려움과 불안감을 느끼며, 환자들은 숨이 막힐 만큼 심한 고통을 호소한다.

- 강박 장애

떠올리기도 싫은 정도의 끔찍한 생각이나 행동을 잊어버리고 싶은데도 자신의 의지와는 상관없이 반복적으로 불안이나 고통을 일으키는 정신 질환이다.

- 외상 후 스트레스 장애

전쟁이나 교통사고, 화재, 심한 폭행과 폭언 등에 의한 후유증으로 인하여 심한 공포감을 느끼는 불안 장애를 말한다.

◈ 우울(Depression)

• 우울이란 무엇인가?

우울이란 슬픈 감정이 마음속에 잠재하여 마음이 답답하고 활기가 없는 감정의 상태를 말하며, 일상생활에도 지장을 초래한다. 일반적으로 불안 장애를 겪고 있는 사람은 우울증이 쉽게 올 수 있다.

우울증은 일상생활에서 겪는 슬픔과 무기력의 사소한 감정에서부터 절망적인 극한 상황에까지 다양한 형태로 나타난다. 우울증은 슬픔, 공허함, 절망 등의 감정이 삶에 많은 변화를 가져오기도 한다. 또한 우울증이 있는 사람들은 그들의 생각과 감정뿐만 아니라 식욕과 수면에도 많은 어려움을 겪게 된다.

우울증으로 인하여 신체적으로나 정신적으로 겪는 후유증은 삶의 질에 상당히 나쁜 영향을 미치고 있다. 우울감이 높은 사람은 불안감도 높으며, 심한 스트레스에 시달리기도 한다. 마음이 항상 무기력하고 늘 피곤하여 삶의 의욕이 없는 사람들은 한번쯤은 우울증을 의심해 볼 필요가 있으며 병원에 가서 전문의와 상담을 해 볼 필요가 있다.

우울증을 '마음의 감기' 정도로 생각하고 질병으로 인식하지 않고 방치하다가는 예상치 못한 결과가 나타나는 경우가 많다. 우울증은 근본적으로 삶의 의욕을 잃기 쉬우므로 심할 경우 극단적인 선택을 하는 사람들이 있음을 명심해야 한다.

• 우울증은 왜 생기는가?

일상적인 생활에서 잠시 우울해지는 것은 누구나 경험하는 일이며 이것은 정상적이다. 그러나 모든 것이 싫어지고 사람을 만나는 것조차 싫어지며, 밥맛도 없고 잠도 오지 않을 정도가 되면 우울 상태가 심각한 것이다.

이러한 우울증은 왜 나타나는 것인가? 그 원인을 알아보면,

- 유전학적인 요인

지금까지 밝혀진 내용으로는 우울증 발생에는 유전적 요인과

많은 상관이 있는 것으로 나타나고 있다. 즉, 부모 중 한쪽이 우울증을 경험했다면 자녀가 우울증에 걸릴 확률이 정상적인 사람들보다 매우 높게 나타났다는 것이다.

- 호르몬의 부족 현상

세로토닌 호르몬은 감정 표현과 밀접한 관련을 가지고 있는데 부족하면 감정이 불안정해서 근심과 걱정이 많아지고 충동적인 성향이 나타나게 된다. 또한 멜라토닌 호르몬은 우리 몸의 생체 역할을 하는데 장과 연관되어 있어서 부족할 경우 식욕이나 성욕이 떨어지고 불면증 등이 나타나서 무기력증에 빠지게 된다.

- 신경 생물학적 요인

스트레스를 비롯한 다양한 요인에 의해 신경 전달 물질의 저하 및 스트레스 호르몬과 면역 세포 분비 장애로 인하여 항상성(恒常性)을 잃게 된다.

- 사회 심리적 요인

사랑하는 사람의 죽음이나 이별, 실직 등 일상생활과 관련하여 심한 충격을 받았을 경우 누구나 심한 우울을 경험하게 된다.

- 신체 질환에 의한 요인

암이나 뇌졸중 등 심각한 신체적 질환을 앓고 나면 죽음에 대한 공포로 인하여 심각한 우울증에 시달리기도 한다.

- 여성들의 신체적인 특성

대부분의 여성들은 남성들에 비하여 일반적으로 우울감이 높다. 여성들은 출산 후에 출산 후유증을 겪는 사람들도 많으며 폐경이 된 이후에는 심적·신체적으로 많은 변화가 찾아와서 사람에 따라서 차이는 있지만 심한 우울증을 경험하는 사람들도 많다.

• 우울증은 어떤 증상이 나타나는가?

우울해지면 예전에는 재미있었던 일이 흥미가 없어지고 사람들을 만나는 것조차도 싫어진다. 밥맛도 없고, 잠도 오지 않고, 심지어 성욕도 없으며 세상만사가 귀찮아지는 것이 우울 증상이다. 삶의 의욕을 잃고 결국은 세상을 떠나기 위해 극단적인 선택을 마다하지 않은 것이 우울증의 종말이다. 우울해지면 인지적으로는 집중력과 주의력이 부족해지며 죄책감을 느낀다. 신체적으로는 불안, 초조, 분노 등이 발생하여 신경이 예민해지며 식사 장애도 동반하여 나타나는 것 등이 일반적인 증상이다.

구체적인 내용으로는,
- 마음이 우울해진다.
- 마음이 극도로 불안해진다.
- 대인 기피증이 심해진다.
- 식욕 및 체중의 변화이다.
- 집중력이 저하된다.
- 감정 기복이 심해진다.
- 환각 및 망상 증세가 나타난다.
- 죄책감이 든다.

• 연령 및 대상별 우울 증상

누구나 우울은 경험하지만 정도가 심하여 질환으로 분류되면 '우울증'이라고 한다. 문제는 우울증을 질환으로 생각하지 않고 방치하는 것이 문제이다. 우울증은 현대 사회가 복잡할수록, 문명이 더욱 발달할수록 증가하는 것이 사실이다. 우울증은 소아청소년기부터 노인에 이르기까지 다양한 대상에서 다양한 형태로 나타나고 있다.

- 소아청소년 우울증

대부분 청소년들은 학업이나 친구 관계로 인하여 우울증을 겪게 된다.

한창 밝아야 할 청소년기에 우울증을 겪는 청소년들은 감정이 저하되어 있으며 신경이 예민해져 있다. 심할 경우 학업을 포기하고 등교를 거부하기도 하며 가출까지 실행하는 청소년들도 있다.

- 노인 우울증

노인이 되어 친구들이 하나씩 세상을 떠나는 것을 보면 죽음에 대한 공포를 누구나 느끼게 된다. 눈도 보이지 않고, 귀도 잘 들리지 않으며, 식욕도 떨어지고, 잠도 잘 오지 않고, 활력은 차츰 잃어간다. 특히 배우자의 사망이나 자식을 잃은 노인들은 심한 스트레스나 우울증으로 고생하게 된다. 그러나 대부분의 노인들은 자신이 심한 우울증이 있다는 사실을 인식하지 못하는 것이 문제이다.

한규만, 최은수 교수팀이 국제학술지인 '정신의학연구'에서 60세 이상 4,751명을 대상으로 '사회활동과 우울증상 유병률 간의 상관관계'를 분석한 결과(2017~2018년) 노인들이 다양한 사회활동을 하면 우울증에 걸릴 위험이 크게 낮아진다고 보고하였다.

- 여성들의 우울증

여성들은 출산을 하고나면 심적·육체적인 심한 고통으로 인하여 우울증에 시달리는 경우가 많다. 또한 여성 호르몬이 줄어서 갱년기 증상이 오면 폐경으로 인하여 우울증에 걸리는 경우도 많이 발생한다. 여성들이 우울증으로 고생하게 되면 마음이 불안하고 식욕이 떨어지며 수면 장애로 고생하게 된다. 여성들 중에는 평생 우울증을 세 번 겪는 사람도 있다.

사춘기 때 먼저 겪고, 출산 후와 폐경 후에도 겪는 사람은 세 번 겪는 셈이다.

• 우울증의 자가 척도

[우울증 척도(해당되는 곳에 ○표를 하십시오)]

나는 지난 1주일 동안에…	극히 드물다 1일 이하	가끔 1~2일	자주 3~4일	거의 대부분 5~7일
평소에도 아무렇지도 않던 일들이 귀찮게 느껴졌다.	0	1	2	3
먹고 싶지 않다(입맛이 없다).	0	1	2	3
가족이나 친구가 도와주더라도 울적한 기분을 떨쳐 버릴 수가 없었다.	0	1	2	3
다른 사람들만큼 능력이 있다고 느꼈다.	3	2	1	0
무슨 일을 하든지 정신을 집중하기가 힘들었다.	0	1	2	3
우울했다.	0	1	2	3
하는 일마다 힘들게 느껴진다.	0	1	2	3
미래에 대하여 희망적이라고 느꼈다.	3	2	1	0
내 인생은 실패작이라는 생각이 들었다	0	1	2	3
두려움을 느꼈다.	0	1	2	3
잠을 잘 이루지 못한다.	0	1	2	3
행복하다.	3	2	1	0
평소보다 말수가 줄어들었다.	0	1	2	3
세상에 홀로 있는 듯한 외로움을 느낀다.	0	1	2	3
사람들이 나에게 차갑게 대하는 것 같다.	0	1	2	3
생활이 즐겁다.	3	2	1	0
갑자기 울먹였다.	0	1	2	3
슬픔을 느낀다.	0	1	2	3
사람들이 나를 싫어하는 것 같다.	0	1	2	3
도무지 무엇을 시작할 기운이 없다.	0	1	2	3

〈전겸구, 최상진, 양병창(2001). 한국판 CES-D척도. 한국심리학회지. 6(1).〉

우울 정도를 알아보려면 병원에 가기에 앞서 자기 보고식 설문지를 사용하여 자신의 우울 정도를 간접적으로 알아볼 수가 있다. 설문 결과가 반드시 우울증 진단을 의미하는 것이 아니나, 중증 이상의 우울 점수가 나오면 병원을 가서 전문가의 상담을 받아야 한다.

CES-D척도(Center for Epidemiologic studies-Depression Scale)는 우울증의 자가 진단에 가장 많이 사용되는 척도이다. 총 20개 문항으로 구성되어 있으므로 누구나 쉽게 평가할 수 있도록 구성되어 있다. 총점 16점 이상이면 가벼운 정도의 우울 증상을 가지고 있는 것이며, 21점 이상이면 중정도의 우울 증상을, 25점 이상이면 중증의 우울 증상을 가지고 있는 것으로 의심되니 전문가와의 상담이 필요하다.

다음의 자가 진단 문항은 보건복지부에서 제공하는 CES-D척도로서 전겸구, 최상진, 양병창(2001) 등이 개발에 참여한 자가 진단 항목을 변형한 우울증 테스트이다. 보건복지부는 나날이 늘어나는 자살 사망 수로 인해 우울증에 대한 경각심을 가지게 되었고, 우울증에 대한 자가 진단 항목을 제공하고 있는데, CES-D척도가 바로 그 자가 진단 항목이다.

◆ 스트레스(Stress)

요즘 가장 흔하게 사용하는 외래어 용어 중에 하나가 '스트레스'이다. 영어를 잘 모르는 아이부터 어른에 이르기까지 스트레스가 무슨 뜻인지 모두 잘 알고 있으며 습관처럼 사용하고 있다. 복잡한 현대 사회에서 아주 적은 것부터 중대한 것까지 스트레스 상황은 우리 생활과 밀접하게 관련되어 있으며 누구나 스트레스를 경험하면서 살아가고 있다. 스트레스와 같은 마음의 병이 모든 병의 근원이 될 수 있으므로 스트레스를 잘 대처할 수 있는 지혜가 필요하다.

가장 심하게 느끼는 스트레스 상황으로는 미국 사람들은 '배우자의 사별'이라고 하였으며, 한국 사람들은 '자식의 죽음'이라고 하였다. 최근에는 여성들에게 '명절 스트레스 증후군'이라는 새로운 신조어가 생겨났다. 여성들이 시댁에 가서 음식을 준비하면서 신체적으로 느끼는 피로감과 시댁 식구들과의 갈등으로 인하여 발생하는 스트레스 등을 말한다.

● 스트레스란 무엇인가?

영어의 'stress'란 본문과 관련지어서 해석하면 '압박하다', '억누르다'라는 뜻이 포함되어 있다. 스트레스란 어려운 환경이나 조건에 처할 때 느끼는 심리적·신체적인·행동적인 긴장 상태를 말한다. 즉, 정신적 압박감으로 인한 불안정한 마음의 상태이다. 이런 상태가 오래 지속되면 위궤양과 고혈압 등의 신체적 질환이 발생하기도 하며, 불면증을 비롯한 우울증 등의 심리적인 질환의 증상을 보이기도 한다.

인간은 감정의 동물이기 때문에 누구나 스트레스를 피할 수는 없다. 사람은 누구나 위험한 상황에 부닥치게 되면 생존하기 위해서 본능적으로 스트레스 반응이 나타나게 되는데 이것은 인간의 본능이다. 스트레스가 전혀 없다는 사람은 자극에 대한 반응도 없기 때문에 삶의 의욕도 없이 무기력하게 살아간다는 사람들이다.

중대한 시합을 앞둔 운동선수들은 누구나 엄청난 스트레스에 시달리지만 이를 잘 대처하면 오히려 경기력에 도움이 된다. 그러므로 적당한 스트레스는 우리가 살아가는 데 필요한 에너지가 되는 것이다. 이와 같이 좋은 스트레스로서 자신의 향후 삶에 에너지가 되는 스트레스를 '유익한 스트레스(긍정적 스트레스)'라고 부른다. 유익한 스트레스는 우리들의 생활에 생산성과 활력을 불어 넣어주는 에너지가 되어서 긍정적인 반응으로 나타난다.

이와 반대로 자신의 대처나 적응에도 불구하고 자신이 감당할 수 없을 정도의 불쾌한 스트레스를 '해로운 스트레스(부정적 스트레스)'라고 한다.

우리가 일상생활에서 사용하고 있는 '스트레스'라는 의미는 유익한 스트레스와 해로운 스트레스를 모두 포함하고 있지만 일반적으로 해로운 스트레스를 말하고 있다. 그러므로 스트레스는 반드시 나쁘다는 인식은 버렸으면 좋겠다.

해로운 스트레스의 증세가 계속되면 불안이나 우울 증세가 동반해서 나타나는 경우가 많다. 그러나 똑같은 상황에 부닥치더라도 사람에 따라서는 긍정적인 스트레스로 반응을 보이는 사람이 있는가 하면 반대로 부정적인 스트레스 반응을 나타내는 사람들도 있다. 그러므로 스트레스 상황이 전개되면 가능한 모든 상황을 긍정적으로 대처하는 것이 무엇보다 중요하다. Bermard(1968)은 '스트레스는 인생에서 불가피한 것이기 때문에 그 자체를 피할 수는 없으므로 긍정적으로 대처하는 것이 중요하다'라고 하였다.

● 스트레스는 왜 생기는 것인가?

 스트레스 상황은 아주 적은 일에서부터 중대한 일에까지 발생하고 있는데, 스트레스가 많고 적음의 차이이며 그 반응은 다양하게 발생한다.

 스트레스는 어떤 상황에서 반응하여 나타는지 그 내용은 다음과 같다.

- 일상생활에서 급격하게 일어나는 변화들

 일상생활 속에서 계속적으로 일어나는 변화는 스트레스를 일으키는 중요한 원인이 된다.

 질병이나 사망, 취업이나 결혼 등 우리들의 삶은 끊임없는 변화의 연속이다. 처음으로 겪는 새로운 변화는 그 상황에 맞도록 적응을 하여야 하기 때문에 그 과정에서 많은 스트레스를 경험하게 된다. 그러나 이와 같은 스트레스는 가족의 죽음과 같은 부정적인 스트레스가 있는가 하면 취업이나 결혼 등과 같은 긍정적인 스트레스 요인도 나타나는데, 모두 스트레스 요인이 되지만 대부분 부정적인 스트레스가 긍정적인 스트레스보다 더 많은 스트레스를 받게 된다.

- 경쟁을 앞둔 상황에서는 심한 스트레스를 받는다.

 운동선수들은 중요한 시합을 앞둔 상황에서는 밤잠을 설칠 정도로 심한 스트레스를 받게 된다. 올림픽이나 세계선수권대회와 같은 규모가 큰 대회를 앞두고는 경험이 많은 국가대표선수들도 긴장하여 엄청난 스트레스에 시달린다. 특히 시합 경험이 적은 선수들은 시합을 앞두고 너무 긴장하여 심한 스트레스를 경험하는데 그런 스트레스를 안고 시합에 임하게 됨으로서 대부분 선수들은 자신의 기량을 제대로 발휘하지 못하는 경우가 많다.

요즘 각 방송사마다 트로트 열풍이 일어나 경쟁하듯이 트로트 경연 대회를 실시하고 있는데, 여기에 참가하는 경연자들은 얼마나 심한 스트레스를 받고 있는지 짐작이 가고도 남는다.

- 복잡한 현대 사회와 과학 문명의 발달

복잡한 현대 사회와 끊임없는 물질문명의 발달은 현대인들에게는 편리함과 풍요로움을 안겨주지만 그것에 적응하기 위하여 끊임없이 노력을 해야 되는데 그 과정에서 많은 스트레스를 경험하게 된다. 북한에서 남한으로 이주하여 정착하고 있는 이주민들의 가장 어려운 점은 새로운 환경에 적응하는 문제로 이로 인하여 가장 많은 스트레스를 받고 있다고 한다.

- 인간관계에서의 갈등

인간은 혼자서는 살 수 없으며 사람들과 함께 더불어 살아야 한다. 그러나 사람은 같은 부모 밑에서 태어난 형제간에도 성격이나 기질이 다르듯이 주위 사람들과 소통하는 과정에서 많은 갈등이 일어난다. 서로의 생각이 다르더라도 서로 조금씩 양보하면 해결될 수 있는 문제도 자신의 주장을 끊임없이 주장하면 그 갈등으로 인하여 서로 스트레스를 받게 된다. 부부간에도 이와 같은 갈등을 극복하지 못하여 이혼을 하기도 하며, 부모와 자식 간에도 뜻이 맞지 않아서 남처럼 지내는 사람들도 많다.

- 빈부 격차로 인한 상대적 박탈감

과거에는 모두들 어렵게 살았으니 빈부 격차를 크게 느끼지 못하고 살았다. 그러나 산업화가 시작되고부터 빈부 격차가 벌어지고 보니 상대적 박탈감으로 인하여 스트레스가 높아졌다.

과거에는 자동차가 없어도 스트레스가 없었는데, 집이 없어도 괜찮았는데, 자식을 대학에 못 보내도 아무렇지도 않았는데, 이제는 그런 것들이 비교가 되다 보니 상대적 박탈감이 스트레스 요인이 되어 버렸다.

• **스트레스 상황에서는 어떤 증상들이 나타나는가?**

스트레스 상황이 발생하여 자극을 받게 되면 본능적으로 그것에 대처하기 위하여 스트레스 반응이 행동으로 나타난다. 스트레스에 대한 반응은 생리적으로, 정서적으로, 행동적으로 다양하게 나타나는데 그 내용은 다음과 같다.

- 생리적인 반응

생리적으로는 먼저 혈압이 상승한다. 심한 스트레스에 시달린 사람들 중에는 고혈압 환자가 많은 것이 그 이유이다. 입맛도 떨어져서 소화 불량과 같은 위장 장애를 일으킨다. 불면증과 같은 수면 장애를 가져오며, 각종 바이러스에 대한 면역력도 떨어진다. 그 외 두통, 복통, 변비, 피로감 등을 경험하게 된다.

- 정서적인 반응

스트레스를 받게 되면 정서적으로 우울해지고 불안해지는 경우가 많다. 자존감이 저하되어서 무기력해지며 집중력이 저하되고 기억력도 감퇴된다. 매사에 짜증과 권태가 발생하며 공포와 분노를 느끼기도 한다.

- 행동적인 반응

시합이나 경연을 앞둔 사람들은 마음이 불안하여 안절부절못한다.

갈증이 나므로 물을 자주 마시며 화장실을 자주 들락거린다.

대인 관계가 원만하지 못하므로 업무 능력이 저하되며 과잉 반응이 나오는 경우도 있다. 심할 경우 약물을 남용하는 경우도 발생하며 성적인 기능도 저하된다.

● 스트레스의 적절한 수준과 대처 방법

적당한 스트레스는 삶의 의욕을 불러일으키고 몸과 마음에 활력을 불러 넣어줌으로서 삶을 더욱 풍성하게 만들어주는 요인이 되지만, 오랫동안 만성적으로 지속되거나, 단기간에 감당하기 어려운 정도의 심한 스트레스는 몸과 마음의 균형을 깨뜨려서 질병의 원인이 된다. 그러면 어느 정도의 스트레스 수준이 긍정적이고 좋은 스트레스 주준이 될까?

사람은 성격이나 개성이 다양하기 때문에 스트레스를 받는 수준도 개인의 특성에 따라서 각각 다르게 나타난다. 똑같은 상황이 발생하였는데도 어떤 사람은 스트레스 반응을 나타내지도 않은데, 어떤 사람은 심각한 스트레스 상황으로 인식하고 반응하기도 한다. 따라서 개인의 적절한 스트레스 수준은 일률적으로 설명하기는 어려우며 개인에 따라서 적당한 수준을 설정해야 한다.

너무 심한 스트레스는 당연히 몸에 해롭게 나타나지만, 그렇다고 스트레스 수준이 아주 낮은 사람도 문제가 있다. 스트레스가 전혀 없는 사람들은 삶의 의욕을 잃고 무기력하게 살아가는 사람들이다. 그러므로 우리는 각 개인의 특성에 맞게 적당한 스트레스 수준을 유지하여 유익하고 좋은 스트레스를 유지할 수 있도록 노력해야 한다.

적당한 스트레스 수준을 유지하고 살아가는 사람들은 인간관계도 원만하여 어디를 가도 주위 사람들에게 환영을 받고 살지만 심한 스트레스를 안고 살아가는 사람들은 주위 사람들과 소통이 잘 되지 않으므로 힘들게 살아가는 사람들이 많다. 그러나 새로운 환경에 도전하는 사람들은 과도한 스트레스 상황을 두려워하지 말고 도전하여 극복해야만 성공적인 과업을 달성할 수 있다.

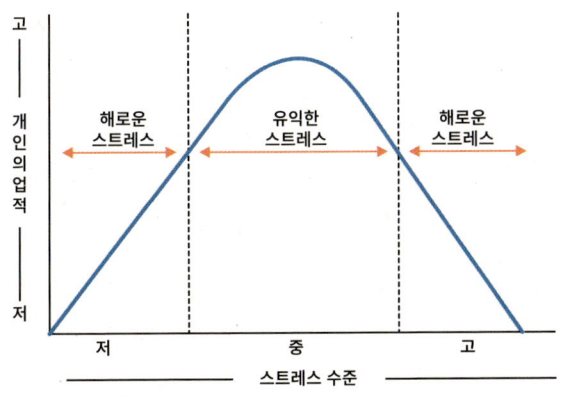

〈스트레스와 개인 업적 수준과의 관계〉

● 스트레스는 어떻게 대처하는가?

우리는 스트레스를 피해서 살 수는 없다. 어떠한 어려운 상황에 부닥치더라도 잘 대처하여 유익한 스트레스로 변화시켜야 한다.

어려운 환경을 극복하고 성공한 사람들의 간증에는 많은 사람들이 감동을 받지만, 그 어려움을 대처하지 못하고 도피하기 위하여 극단적인 선택을 하는 사람들도 있다.

인생을 살다보면 항상 좋은 일만 있는 것이 아니며 힘든 일은 누구에게나 찾아온다. 힘들 때 그 어려움을 극복하여 우리에게 주어진 인생길을 순탄하게 완주할 수 있도록 최선을 다할 수 있도록 노력해야 할 것이다.

- 규칙적으로 운동을 한다.

운동을 하고 땀을 흘리고 난 후 샤워를 하고 나면 혈액 순환도 잘 되고 엔도르핀과 같은 행복한 호르몬이 발생하여 기분이 상쾌해진다.

- 긍정적인 생각을 갖는다.

매사에 부정적인 사람은 그만큼 더 많은 스트레스에 시달린다. 과도한 스트레스를 줄이려면 가능한 모든 생각을 긍정적으로 대처하는 것이 지혜로운 방법이다.

- 나와 다름을 인정해야 한다.

사람의 생각은 다양함으로 다른 사람의 생각과 행동이 나와 달라도 그 사람의 생각과 행동을 존중해 주어야 한다. 그러면 그 사람도 나의 생각과 행동이 달라도 나를 인정을 줄 것이다.

- 명상을 하거나 노래를 부른다.

조용한 음악을 감상하면서 명상에 잠기면 알파파 뇌파가 많이 발생하면서 마음이 평온해진다. 신나게 노래를 부르면 기분이 좋아지므로 스트레스 해소에도 도움이 된다.

- 규칙적인 식사와 수면 시간을 갖는다.

스트레스를 받으면 식욕이 떨어지고 입맛도 없다. 이럴수록 맛있는 음식을 준비하고 끼니를 거르지 말아야 한다. 밤에 잠도 쉽게 잘 수도 없지만 취침 시간을 일정하게 유지하고 수면 시간도 충분히 확보해야 한다.

- 흡연이나 과음, 과식을 피한다.

스트레스를 받으면 그것을 해소하기 위하여 흡연량을 늘리거나 과음을 하는 것은 악순환이 된다. 특히 나쁜 생각을 잊기 위해 과음을 하는 것은 몸과 마음을 모두 잃게 되는 것이다. 또한 스트레스를 달래기 위하여 과식으로 대처하는 방법도 위험한 생각이다.

- 나를 진정으로 이해하여 줄 수 있는 친구나 가족 그리고 반려동물 등과 함께 많은 시간을 보내는 것도 좋은 방법이 될 수 있다.

• 스트레스의 자가 척도 방법

「최근 1개월 동안 다음 문항의 내용들을 얼마나 자주 느꼈는지 ○표 하십시오」

순	나는 지난 1개월 동안에~	전혀 없었다	거의 없었다	때때로 있었다	자주 있었다	매우 자주 있었다
1	예상치 못했던 일 때문에 당황했던 적이 얼마나 있었습니까?	0	1	2	3	4
2	살아오면서 중요한 일들을 내 마음대로 할 수 없다는 느낌을 얼마나 경험하였습니까?	0	1	2	3	4
3	신경이 예민해지고 스트레스를 받고 있다는 느낌을 얼마나 경험하였습니까?	0	1	2	3	4
4	당신의 개인적인 문제를 다루는 데 있어서 얼마나 자주 자신감을 느낍니까?	4	3	2	1	0
5	일상의 일들이 당신의 생각대로 진행되고 있다는 느낌을 얼마나 경험하였습니까?	4	3	2	1	0
6	당신이 꼭 해야하는 일을 처리할 수 없다고 생각한 적이 얼마나 있었습니까?	0	1	2	3	4
7	일상생활의 짜증을 얼마나 자주 잘 다스릴 수 있었습니까?	4	3	2	1	0
8	매우 기분 좋다고 얼마나 자주 느꼈습니까?	4	3	2	1	0
9	당신이 통제할 수 없는 일 때문에 화가 난 경험이 얼마나 있었습니까?	0	1	2	3	4
10	어려운 일들이 너무 많이 쌓여서 극복하지 못할 것 같은 느낌을 얼마나 자주 경험했습니까?	0	1	2	3	4

<박준호 & 서영석(2010), 한국판 지각된 스트레스 척도(K-PSS)>

한국판 지각된 스트레스 척도(Korean Perceived Stress Scale, K-PSS)는 Cohen 등(1983)이 개인이 주관적으로 지각하는 스트레스 정도를 측정하기 위하여 개발한 것을 박준호&서영석(2010)이 표준화한 것으로 총 10문항으로 구성되어 있다.

부정적인 지각과 긍정적 지각이 각각 2개 하위 요인으로 구성되어 있다.

각 문항에 대하여 '지난 한 달 동안 얼마나 자주 느끼거나 생각하는가?'라는 질문에 응답하도록 되어 있으며, '전혀 없었다'의 0점부터 '매우 자주 있었다'의 4점까지 5점 리커트 식(Likert Scale)으로 구성되어 있다. 그러나 4~5번 문항과 7~8번 문항은 문항의 내용이 긍정적으로 되어 있기 때문에 점수도 역순으로 계산하여야 한다.

현재 자신이 스트레스 받은 정도를 확인하기 위해 각 문항의 점수를 모두 더하면 된다.

만약 점수 합계가 13점 이하인 경우에는 정상적인 스트레스 상태이며, 14~16점 정도인 경우에는 이미 스트레스 영향을 받기 시작된 상태로서, 이런 상태가 지속되면 나쁜 스트레스의 결과가 나타날 수 있다.

17점 이상인 경우는 정신 질환으로 발전될 가능성이 높아진 상태이며, 19점 이상인 경우에는 정신 질환으로 의심되는 경우이다. 그러나 본 설문 결과는 본인 스스로 느끼고 있는 스트레스 정도를 평가한 내용이므로 본 설문 결과가 정확한 스트레스 자체를 진단하는 것은 아니나, 19점 이상으로 높은 스트레스 점수가 나오면 질병으로 발전되었을 가능성이 높으므로 병원을 방문하여 전문가의 도움을 받아볼 필요가 있다.

◈ 치매(癡呆)

치매는 노인들에게 가장 두려운 질병 중의 하나로서 흔히 '마음이 지워지는 병'이라고도 하며, 옛날에는 '망령'이나 '노망'이라고 부를 정도로 무서운 병이다.

치매의 사전적 용어는 '정상적이던 지능이 대뇌의 질환으로 저하된 것'이라고 한다. 즉, 치매는 기억이나 언어, 판단력 등의 인지 기능이 감소하여 일상생활을 제대로 수행하지 못하는 임상 증후군을 의미한다.

치매는 대부분 노년기에 많이 발생하며 현재 심장병, 암, 뇌졸중에 이어 4대 질병으로 분류될 정도로 주의해야 할 신경 질환이다. 치매는 그 자체가 하나의 질환을 의미하는 것은 아니고 여러 가지 원인에 의한 뇌손상에 의해 기억력을 포함한 여러 가지 인지 기능의 장애가 생겨서 예전 수준의 일상생활을 유지할 수 없는 상태를 의미하는 포괄적 용어이다.

2023년 1월 보건복지부는 치매라는 용어가 질병에 대한 편견을 갖게 하고 환자나 가족에게 불필요한 모멸감을 준다는 의견이 많아서 '치매 용어 개정 협의체'를 구성하여 논의에 들어갔다. '치매'라는 용어는 라틴어의 dementia(정신 이상)라는 의학 용어에서 일본 사람들이 사용한 '어리석고 바보 같다'라는 의미를 가진 치매(癡呆)라는 한자어를 우리나라에서 그대로 번역하여 사용해 오고 있는 것이다. 현재 일본은 인지증, 대만은 실지증, 중국과 홍콩은 뇌퇴화증 등의 용어를 사용하고 있다.

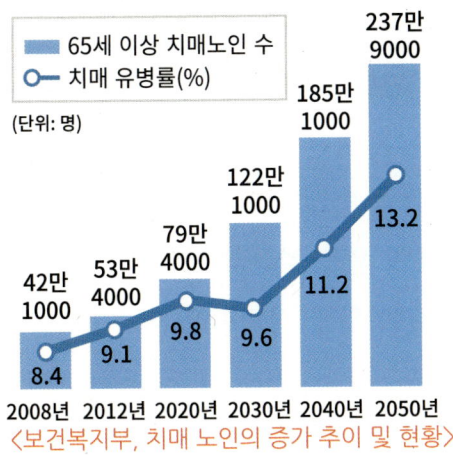

<보건복지부, 치매 노인의 증가 추이 및 현황>

치매에는 노인성 치매로 불리는 알츠하이머병과 중풍 등으로 인해 생기는 혈관성 치매가 대부분이다. 알츠하이머병은 두뇌의 수많은 신경 세포가 서서히 쇠퇴하면서 뇌 조직이 소실되고 뇌가 위축되는 질환으로 전체 치매 환자의 50% 정도를 차지하고 있으며, 뇌의 혈액 순환 장애에 의한 혈관성 치매 환자가 50%를 차지하고 있다. 2020년도 기준으로 우리나라 치매 환자는 84만 명 정도로 추정하고 있으며 매년 늘어나고 있는 실정이다.

● **치매의 증상**

치매는 정상적으로 성숙한 뇌가 후천적인 외상이나 질병 등 외부적인 요인에 의하여 손상 또는 파괴되어서 기억력 감퇴뿐만 아니라 언어 능력, 시공간 파악 능력, 성격 등 다양한 정신 능력에 장애가 발생함으로써 뇌의 기능이 지속적으로 저하되고 있는 것이다.

치매 환자가 있는 가정에서는 환자로 인한 가족들의 고통이 이만저만이 아니다. 치매 증상이 심하여 가족들이 도저히 감당을 하지 못할 경우에는 요양 병원이나 요양원에 입소하여 전문가의 도움을 받아야 한다.

　병원에서 치매 진단을 받으면 국민건강보험공단에 연락하여 등급을 받아야 한다. 일단 등급을 받게 되면 국가에서 많은 혜택을 주고 있다. 등급을 받게 되면 요양 보호 센터를 통하여 요양 보호사가 방문하여 도움을 주는데, 기초 생활 수급자는 국가에서 전액 지원을 해주며 일반 사람들은 급수에 따라서 지원 내역이 다르다.

　홀로 지내는 노인은 상대적으로 치매에 걸릴 확률이 높다고 한다. 치매 예방을 위해서는 계속해서 뇌를 자극해줘야 하는데, 오랜 기간 혼자 살다보면 외부와 소통이 단절되고 단조로운 생활이 반복되면서 뇌 자극 또한 줄어든다. 이로 인해 뇌 기능이 저하되면서 치매 위험 역시 커진다. 다른 사람들과 어울릴 기회가 적을수록 인지 활동 또한 감소하여 잠재적으로 치매 위험이 증가할 수 있다는 것이다.

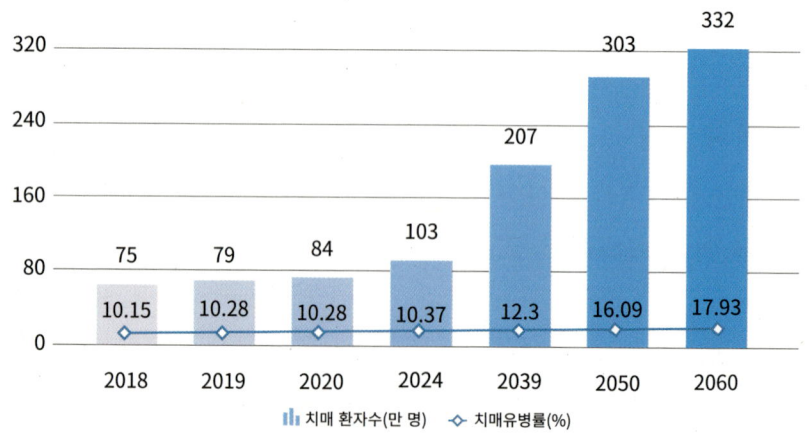

〈보건복지부(2021), 65세 이상 치매 환자 유병률〉

- 기억력이 차츰 저하된다.

단순히 건망증이나 기억력이 감퇴하는 것과는 다르게 기억력이 점점 심해지는 속도가 빠르게 진행되며 후에는 아예 기본적인 것들도 기억을 못 하게 된다. 방금 전 식사한 것도 기억을 못하게 되며, 상태가 심해지면 익숙했던 사물과 사람의 이름조차 기억하지 못하는 상태로 악화된다.

- 무기력해진다.

일상생활에서 가장 기본적인 것 밥 먹고, 옷 입고, 몸을 씻는 것도 스스로 하지 않으려고 한다. 매사에 능동적이지 못하고 생활의 활력을 잃고 무기력해진다.

- 판단력이 떨어진다.

계절의 구분이나 날짜 구분도 못하게 되며, 심해지면 밤낮 구별도 못하게 된다. 돈도 구별하지 못하므로 돈 관리도 어렵다.
심할 경우 가족도 알아보지 못하게 된다.

- 망상에 빠지기도 한다.

치매는 뇌 질환의 일종이기 때문에 갑작스럽게 귀신이 보인다고 한다거나 정말 일어나지 않은 일인데도 불구하고 경험했다고 착각하는 증상을 보일 수도 있다.

- 언어 장애를 겪는다.

말투가 어눌해 지면서 말수가 적어진다.
가족이나 사물을 보고도 이름이 떠오르지가 않아서 머뭇거린다.

- 집을 뛰쳐나가려는 습성이 있다.

치매가 심하면 집 밖을 무조건 나가려고 한다.
조금만 방심하면 나가버리기 때문에 이런 환자는 집을 나가더라고 발견하면 쉽게 신고해 줄 수 있도록 몸에 명찰을 부착해 두는 것도 좋은 방법이다.

- 시공간을 파악하는 능력이 떨어진다.

시공간을 파악하는 능력이 상실되어서 방에 대소변을 보는 경우도 발생한다. 집 밖을 나가면 집을 찾아올 수 있는 능력도 없으므로 유의해야 한다.

- 미각과 후각 장애를 일으킨다.

미각의 기능이 감소되어 음식의 맛을 느끼지 못한다. 그래서 음식이 맛이 없다고 투정을 부리기도 하며, 음식이 싱거운지 짠지 구별을 잘 하지 못한다. 후각의 기능도 감소되어서 음식의 냄새를 맡고서도 맛을 구별하지 못한다.

- 성격과 감정이 변화한다.

성격이 온순했던 사람이 폭언을 하고 심할 경우 폭행도 한다.
또한 예전에는 매우 의욕적이었던 사람이 매사에 무관심하고 소심하게 된다.
감정의 변화도 많이 일어나서 우울해지기도 하며, 수면 장애를 일으키기도 한다.

• 치매에 대한 대처 방안

치매로 판정을 받으면 현재의 의술로서는 정상적으로 회복하기가 어려우며, 더 증상이 악화되지 않도록 치료를 하는 것이 최선의 방법이다. 그러므로 치매에 걸리지 않도록 사전에 예방을 해야 한다. 치매를 예방하기 위해서는,

- 노인이 되어도 인지적인 활동을 계속하는 것이 좋다.

노인들이 인지적 능력 향상에 도움이 되는 활동으로는 책을 읽거나 쓴다든지, 게임, 바둑, 장기, 카드놀이 등과 같은 것이 좋다.

- 운동을 규칙적으로 꾸준히 한다.

하루에 밥을 세끼 먹듯이 운동도 생활의 일부분으로 생각하고 꾸준히 실행하여 몸과 마음이 항상 상쾌한 상태에 놓여 있으면 치매가 오지 않는다. 매일 운동을 하는 것도 쉽지 않으므로 일주일에 3~4일은 할 수 있도록 노력해야 한다.

- 사회활동도 왕성하게 하는 것이 좋다.

노인 복지관이나 평생학습관, 노인대학, 경로당 등 동년배의 노인들이 있는 곳에 참여하여 교제하고 소통도 한다. 이런 곳에서 좋은 친구를 만나서 서로 소통할 수 있다면 가장 좋은 방법이다.

- 올바른 식습관을 가져야 한다.

생선과 야채, 과일 등을 충분히 섭취하여 충분한 영양분을 보충해야 한다. 비타민과 단백질도 보충하여 근육량이 줄어들지 않도록 유의한다. 과식과 폭식은 금물이다.

- 술과 담배는 금지해야 한다.

술은 일주일에 3잔 이내로 한두 번 하는 것은 문제가 없으나 문제는 그렇게 절제하기가 쉽지 않다는 것이다. 과음 상태가 계속되면 알코올성 치매가 올 수 있다는 것을 명심할 필요가 있다. 담배는 인체에 도움이 되는 것이 전혀 없으므로 노인들은 어떻게 하든지 금연을 실천해야 한다.

- 충분한 수면 시간을 확보한다.

노인들은 불면증으로 고생하는 경우가 많다.

불면증으로 잠을 충분히 자지 못하면 뇌가 피로하여 항상 피곤하고 우울하며, 기억력도 떨어진다. 불면증으로 인한 한두 번 정도의 수면제는 의사의 처방을 받아서 복용하는 것은 문제가 없으나 습관적으로 복용하는 것은 치매를 일으키는 원인이 될 수도 있다.

- 스트레스를 조심해야 한다.

스트레스를 많이 받게 되면 혈관이 수축되고 혈압이 상승하여 뇌에 부담을 주게 된다. 따라서 항상 즐거운 마음과 긍정적인 마인드를 갖고 생활하여 스트레스를 최소화하는 것이 무엇보다도 중요하다.

- 치매가 의심되면 빨리 병원에 가서 검사를 한다.

치매가 의심되면 빨리 병원에 가서 검사를 하고 치료를 받아야 한다.

병원에서 치료를 받으면 완쾌는 어렵지만 치매 진행을 완화시킬 수가 있다. 그대로 방치하여 증세가 심각하게 되면 더 이상 손쓸 수가 없게 된다.

● **치매안심센터**

'치매안심센터'란 경증 치매 환자와 가족을 위해 치매 선별 검사, 치매 진단 검사, 치매 예방 프로그램, 치매 환자 쉼터 등의 서비스를 제공하는 기관이다.

치매 검사는 가까운 보건소, 치매 안심 센터, 병원에서 검사를 받을 수 있으며 선별 검사, 진단 검사, 감별 검사 등 총 3단계로 구성되어 있다. 선별 검사에서 인지 기능 여부를 검사하고 저하로 분류되면 전문의와 진단 검사를 통해 치매인지 아닌지 여부를 진단한다.

치매 검사를 통해 치매로 진단받았다면 마지막으로 감별 검사를 통해 그 원인을 분석한다.

보건복지부의 발표에 의하면 2018년 말을 기준으로 국내 65세 이상 치매 환자 수는 75만 명으로 나타나고 있으며, 여성이 48만 명(62%)으로 남성보다 높게 나타났다.

65세 노인의 치매 유병률은 10.16%로서 10명 중 1명은 치매 환자이다.

이대로 진행이 된다면 2024년에는 치매 환자가 1백만 명,

2039년에는 2백만 명, 2050년에는 3백만 명에 이를 것으로 추정하고 있다.

연령별로는 70~74세 구간에서 급증하여, 85세 이상 고령 구간에서 가장 많이 발생하였다.

유형별로 보면 알츠하이머 559,214명(75%), 혈관성 66,132명(9%), 기타 125,142명(17%) 등으로 나타나고 있다.

- 치매 검사

치매 안심 센터에서는 치매 예방 체조와 치매 예방 이론 교육 등 치매 예방 교육 프로그램을 운영하고 있으며, 치매 환자 쉼터에서는 전문적인 인지 재활 프로그램을 제공하고 낮 동안에는 보호도 해준다.

① 선별 검사

K-CIST를 이용한 질문 답 형식의 검사로서 인지 기능 저하 여부를 검사한다.

② 진단 검사

CREAD-K, SNSB 등의 도구를 이용한 진단 검사이다. 인지 기능 저하로 분류되었다면 신경 인지 검사를 수행하여 결과를 바탕으로 전문의가 치매 여부를 진단한다.

③ 감별 검사

진단 검사에서 치매로 진단받은 노인을 검사하여 치매 원인을 분석한다.

- 치매 검사 비용

치매 안심 센터는 2017년 3월 1일부터 각 지역별로 운영을 시작하고 있으며, 60세 이상 노인들을 대상으로 선별 검사와 진단 검사를 무료로 제공하고 있다. 특히 보건복지부는 2019년 7월 1일부터 치매 안심 센터에서 치매 진단 검사에 들어가는 비용의 상한액을 15만 원으로 확대 지원하고 있다. 따라서 병원에서 실시하고 있는 진단 검사나 감별 검사에 들어가는 본인 부담의 비용도 대폭 줄어들었다.

치매는 보건소, 치매 안심 센터, 병원 등에서 검사를 받을 수 있으므로 언제든지 방문하여 자세한 안내를 받으면 된다.

치매에 들어가는 비용적 부담이 과거에 비해 크게 줄었기 때문에 보다 많은 노인들이 검사를 사전에 받아서 치매를 사전에 예방하고 치매의 진행도 지연시킬 수 있는 것이 가장 최선의 방법이다.

◆ 노인들의 자살

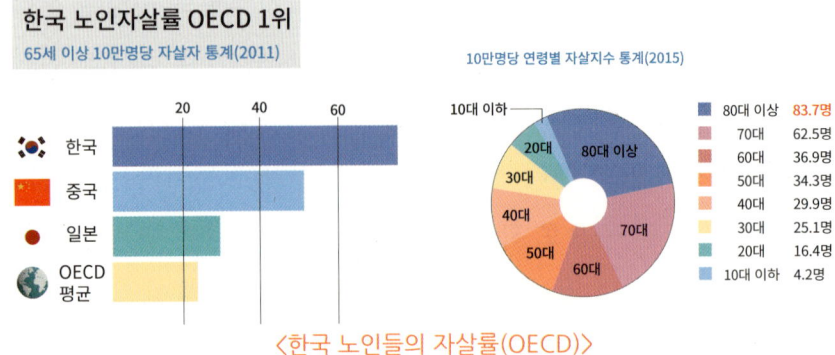

<한국 노인들의 자살률(OECD)>

　우리나라 노인들의 자살률은 OECD 국가 중 매년 압도적으로 1위 자리를 고수하고 있다.

　통계청에 따르면 2025년에는 우리나라 사람 중 20.6%가 65세 이상 고령자일 것으로 예상하고 있다. 2년 후면 우리나라도 일본이나 유럽 국가들처럼 국민 5명 중 1명이 고령자가 되어 '초고령 사회'가 된다는 것이다. 고령화는 빠르게 진행되고 있지만 노인과 관련된 여러 지표들은 좀처럼 개선되지 않고 있는데, '노인 자살률'도 그중 하나이다.

　우리나라는 OECD 가입국 중 노인 자살률이 수년째 평균을 크게 웃돌고 있으며, 불명예스럽게도 1위 자리를 계속 고수하고 있다. 극단적 선택을 하는 노인 수는 해마다 3,000여 명에 달하고 있다. 초고령 사회를 눈앞에 둔 시점에 외면할 수도 없고 외면해서도 안 될 한국 사회의 현주소이다.

　보건복지부 자살 예방 백서에 의하면 2016년 3,615명, 2017년 3,372명, 2018년 3,593명, 2020년 3,392명 등으로 매년 3,000명 이상이 자살을 선택하고 있다,

• 노인들의 자살 원인

　노인들의 극단적 선택의 원인은 다양하면서도 복합적이다.
　가족 구조 변화와 은퇴 후 사회적 역할 축소와 상실, 배우자 사망, 죽음에 대한 두려움, 신체 기능 저하, 경제력 감소 등 노년기에 맞닥뜨리는 여러 가지 삶의 변화와 문제들이 우울과 외로움, 자괴감 등을 유발하게 된다. 이와 같은 감정들이 해소되지 않으면 점차 삶의 의욕이 떨어지고, 살아야 할 이유마저 잃게 되는 것이다. 특히 노인들은 인지 능력이 저하되면서 감정 조절 능력과 판단력 등이 떨어져 부정적인 감정을 더 크게 느끼는 반면, 충동성과 공격성이 증가해 극단적인 방법으로 상황을 해결하려 할 위험이 높다.
　살아갈 날이 많이 남지 않았다는 생각에 문제를 심각하게 받아들이지 않거나, 근본적인 문제 해결 노력 없이 음주만으로 순간의 감정을 벗어나려는 행동 역시 노년기 극단적 선택 위험을 높이는 원인이 된다.
　고도성장과 급속한 산업화와 현대화 등에 숨겨진 한국 사회의 이면이라고 볼 수 있다. 우리나라는 지난 수십 년간 매우 빠른 속도로 성장해 왔으나, 그 과정에서 성장 속도를 따라가지 못한 사람들은 소외가 되었다.
　사회에는 현실주의와 실용주의와 같은 개념이 깊게 자리 잡고 있었고, 성장에 기여하지 못한다고 판단되면 쓸모없는 존재로 치부해버렸다. 그리고 그중 대다수는 노인들이었다. 노인들은 스스로 사회적 가치가 없는 사람이라고 여기면서 고립감과 외로움, 우울함 등을 느끼면서 삶의 의욕을 잃어갔다.

노인 자살의 원인 통계를 살펴보면 그 이유를 알 수 있다.

건강 23.7%, 경제적 어려움 23.0%, 외로움 18.4%, 배우자/가족/친구의 사망 13.8%, 부부/자녀/친구 관계의 단절 13.1%, 배우자/가족 건강 7.6% 등으로 나타났다.

노인들이 자살하는 중요한 이유로는 노인 빈곤과 가족 공동체의 붕괴가 가장 높은 원인으로 볼 수 있다.

• 노인들의 자살을 예방하려면?

통계청에 따르면 우리나라의 고령 인구 비중은 2025년 20.6%, 2035년 30.1%, 2050년 40.1%까지 늘어날 것으로 예상된다.

지금의 30대와 40대가 고령 인구가 될 때쯤이면 국민 5명 중 2명이 노인이 된다는 것이다. 그러므로 사회 구성원 모두가 노인 자살 문제에 관심을 가져야 하는 것도 이 같은 이유라고 볼 수 있다.

주변 사람이 노인을 위해 할 수 있는 가장 좋은 일은 대화와 관심이다. 깊은 이야기를 나누지 않아도 무엇을 먹었고, 기분은 어떤지, 요즘 어떤 문제가 있는지, 아픈 곳은 없는지 등 사소한 말들을 주고받음으로써 관심을 받고 있다는 느낌을 줄 수는 있다.

노인 스스로도 부정적인 감정과 생각에서 벗어나 삶의 의미를 찾아야 한다. 자책하거나 우울감에 빠지지 말고 주위 사람들과 어울려 지낼 필요가 있다. 도움이 필요할 때는 손을 내밀기도 하고 그리고 노인 역시 상대방이나 젊은 사람들을 존중하고 이해하려고 노력해야 한다.

- **자살의 대처 방안**

    ※ 아래에 해당하는 사람이라면 자살을 생각할 수도 있으므로 세심한 주의가 필요한 사람들이다.

    - 노년기 우울증이나 치매를 겪고 있는 사람

    - 배우자나 자녀 혹은 가족처럼 지내는 사람이나 반려동물의 죽음 등으로 인하여 실의에 빠져있는 사람.

    - 일상생활을 위협하거나 장애를 초래할 만한 질병 악화나 대형 사고로 인하여 심한 장애를 입은 사람

    - 일자리 혹은 노인의 생산적인 활동을 상실하여 혼자 생활하는 것이 불가능해진 사람.

    - 만성적인 질환으로 고통을 받고 경제적인 어려움이 지속되면서 더 이상 해결 방안이 없는 사람.

    - 알코올이나 약물 남용을 하고 있으면서 삶의 의욕을 잃고 있는 사람.

    - 독거노인 중 삶이 무기력하고 삶의 의욕도 상실한 사람

- **노인 자살예방 및 대응방법**

    - 상담의 원칙은 비밀보장을 원칙으로 하고 있지만 자살과 같은 긴박한 상황에서는 예외로 하고 있다.
    자살의 징후가 보이면 반드시 그 사람의 어려움을 함께 도와줄 수 있는 가족이나 자살 예방 전문 기관에 신속하게 알려야

한다. 자살을 한다고 통보를 했는데도 불구하고 방치를 하면 오히려 자살 방조가 되므로 유의하여야 한다.

- 자살에 대해 직접적으로 확인해 본다.

자살에 대한 징후가 보이면 직접적으로 자살에 대해 어떻게 생각하고 있는지 물어본다. 만약 자살에 대한 계획을 가지고 있다고 한다면 논쟁을 할 것이 아니라 먼저 자살을 시도할 수 있는 도구나 상황을 제거하고 자살 예방 전문 기관에 알리도록 한다.

- 자살의 위험이 높다고 판단될 때는 혼자 두지 않아야 한다.

자살은 일순간에 이루어지므로 자살의 가능성이 높다고 판단될 때에는 혼자 내버려 두지 말고 정신 의료 기관이나 자살 예방 전문 기관에 도움을 요청해야 한다.

- 자살을 시도했다가 실패한 사람은 다시 시도할 확률이 높다.

자살을 시도한 사람은 이 세상에 더 이상 존재할 필요가 없다고 생각한 사람들이므로 재시도 할 확률이 매우 높으므로 세심한 주의기 필요하다.

당장 긴박한 위기 상황이라면 즉각적으로 도움을 줄 수 있는 112, 119에 도움을 요청해야 하며, 이후에는 자살 예방 전문 기관에 도움을 요청하여야 한다.

✓ 자살 예방 상담 전화 ☎ 1393

✓ 정신 건강 상담 전화 ☎ 1577-0199,

✓ 희망의 전화 ☎ 129, 생명의 전화 ☎ 1588-9191

3.
노인들의 의사소통

「노인들은 의사소통에 어려움을 겪는다.」

　귀가 잘 들리지 않으므로 상대방의 말을 잘 알아듣지도 못하며, 말을 할 때에도 발음이 어눌하여 나의 생각을 상대방에게 정확하게 전달이 되지 않은 경우도 많다. 젊은이들은 각종 SNS(Social Network Service: 사회적 관계 서비스)로 자신의 생각들을 소통하고 있지만, 노인들은 그것마저 쉽지가 않다.

　세상에서 가장 지혜로운 사람이란 지금 내가 하고 있는 말과 행동이 어떤 것인지를 아는 사람이며, 그 말과 행동이 상대방에게 어떤 영향을 미치는지를 알 뿐더러, 궁극적으로는 나에게 어떻게 되돌아오는지를 아는 사람이다. 그러나 지혜롭지 못한 사람은 자신의 말과 행동이 본인 스스로 가장 지혜롭다고 생각하지만 주위 사람들과 소통이 전혀 되지 않고 있는 사람이 가장 미련한 사람이라고 한다.

　'말 한마디가 사람을 죽이기도 하고 살리기도 한다'는 말이 있는가 하면, '말 한마디에 천 냥 빚을 갚는다'는 말도 있다. 무심코 내뱉은 한 마디의 말이 수십년지기(數十年知己) 친구가 하루아침에 원수로 변할 수도 있으며, 말 한마디 잘못했다가는 일순간에 '공공의 적'으로 몰리기도 한다. '가는 말이 고와야 오는 말도 곱다'는 말이 있듯이 의사소통에서 말의 중요성은 더 이상 강조할 필요가 없는 것 같다.

　언위심성(言爲心聲)이라는 말이 있다. 말은 그 사람의 '마음의 소리'라는 뜻이다.

1

의사소통이란?

　의사소통(意思疏通: communication)이란 서로의 생각과 감정을 어떤 개인 또는 집단이 다른 개인 또는 집단에 대하여 말이나 행동, 글 등을 통하여 전달하고 받아들이는 것을 말한다.
　의사소통이 원활하다는 것은 자신이 전달하고자 하는 생각과 뜻이 상대방에게 잘 전달되고 받아들여지며, 또한 상대방이 전달하고자 하는 뜻이 자신에게도 잘 전달되고 이해된다는 것을 의미한다. 외부로부터 음성이나 문자 등의 정보들이 자신에게 입력되면 그 정보가 이해의 과정을 거쳐 그에 대응하는 적합한 말이나 글로 나타나게 된다.
　의사소통은 대부분 말하기, 듣기, 읽기, 쓰기 등의 네 가지 요소로 이루어지고 있다. 즉, 듣기와 읽기를 통해 이해하게 되고, 말하기와 쓰기를 통해 표현하게 되는 것이다. 이 네 가지 요소가 균형 있게 발달해야 의사소통 능력이 있다고 말한다.
　사람들은 의사소통을 통해 서로 간의 생각을 확인할 수 있고, 서로에 대한 이해를 바탕으로 차이를 인정하고, 갈등을 해결할 수도 있다. 통신이 발달하지 않았던 옛날에는 말을 타고 문서를 직접 전달하였으며, 지역에 중요한 일이나 위급한 일을 알릴 때는 높은 산에 봉수대를 설치하여 낮에는 연기로, 밤에는 불로 위급한 상황을 알렸다.

<삼척시 광진산 정상에 있는 봉수대>

삼척시 광진산에 있는 봉수대는 조선 성종 12년(1481년)에 설치하여 인조 4년(1626년)까지 있었던 통신 기지로서 영동 지방 해안선 산봉우리에 30리마다 봉수대를 설치하여 외민족의 침입을 감시하였다고 한다.

통신 기술이 발달하여 전화가 발명됨으로써 의사소통에 혁신적인 발전을 가져왔으며 SNS의 발달로 인하여 이제는 우체국 집배원을 통하여 편지를 주고받는 시대도 끝난 것 같다. 지금은 e-mail(전자 우편)과 휴대폰 등으로 멀리 떨어져 살고 있는 사람들과 즉시 의사소통이 가능해졌으며, 트위터, 인스타그램, 블로그 등 다양한 SNS 방법으로 언제 어디서나 많은 사람들과 소식을 빠르게 주고받을 수 있게 되었다.

특히 SNS는 다양한 사람들과 새로운 관계를 맺을 수 있고, 시간과 장소에 상관없이 빠르게 정보를 공유할 수 있는 장점도 있지만, SNS에 올린 개인 정보가 범죄에 이용될 수도 있고, 거짓 정보나 근거 없는 소문들이 다른 사람들에게 쉽게 전해질 수 있는 단점도 있다.

　최근에는 보이스피싱(Voice Phishing: 전화를 이용해 개인 정보를 알아낸 뒤 이를 범죄에 이용하는 전화 금융 사기 수법)이 사회적으로 큰 문제를 야기시키고 있는데, 판단력이 부족한 노인들이 피해 대상자가 되고 있는 실정이다.

　언어적 능력이 발달하지 않은 동물들도 호르몬이나 변의 냄새 또는 울음소리를 통하여 의사소통을 하고 있다고 한다.

② 의사소통은 왜 필요한가?

사람은 혼자서는 결코 살아갈 수가 없다.

가정이나 사회에서 성공적인 삶을 영위하려면 인간관계를 잘 형성하여야 하는데 인간적인 관계를 잘 유지하기 위해서는 관계하는 사람들과 소통이 잘 되어야 한다. 원만한 소통이 이루어지지 않으면 주위 사람들과 멀어지게 되고 결국은 혼자가 된다. 학생들 중에는 친구들 간에 소통이 안 되어서 왕따를 당하여 학교생활에 어려움을 겪고 있는 학생들도 있는데 같은 의미이다.

과거에는 배우자를 선택할 때는 가정 환경이나 학력, 경제력 등을 고려하여 상대방을 선택하였지만 요즘은 마음이 맞고 뜻이 통하여 서로 소통할 수 있는 상대를 선호하고 있다. 즉, 상대를 배려해 주면서 재미있는 성격을 소유하고 있는 사람들을 선호하고 있는 것이다. 인간이 만물의 영장이 될 수 있었던 것도, 서로 감정을 교환할 수 있는 의사소통이 있기에 가능했던 것이다.

몸의 상처는 시간이 지나면 회복되지만, 말로 인한 마음의 상처는 쉽게 사라지지 않는다. 화병(火病)이라는 것은 하고 싶은 말이 많은데 말을 못하고 마음속에 계속 쌓여서 마음속에서 불이 난다는 뜻이다. 화병은 약도 없으며, 화병을 방치하면 우울증으로 이어질 수가 있다.

고사성어 중에 역지사지(易地思之)라는 말이 있다. '역지사지'란 상대방의 입장에서 먼저 생각하라는 뜻으로, 서로 입장을 바꾸어 생각해 보면 조금 더 그 상대를 이해할 수 있다는 뜻이다. 따라서 말을 할 때는 항상 상대방의 입장을 먼저 생각하여 내 마음을 전달해야 한다.

'이 세상에서 가장 어려운 것은 타인의 생각과 마음을 바꾸는 것이며, 가장 쉬운 것은 자신의 생각과 마음을 바꾸는 것이다'라고 하였다. 의사소통을 할 때는 나의 주장만 강조할 것이 아니라 항상 남의 말을 경청해 주고 이해하려고 노력하는 마음이 우선되어야 한다.

말은 그 사람의 인격을 간접적으로 나타내는 척도이다. 세상에서 가장 많이 사용되고 있는 소통의 말은 '사랑'이며, 인간관계에서 가장 중요한 것은 '배려'이다. 항상 상대방을 배려하며 사랑할 줄 아는 사람은 어디에 가서도 환영 받고 살아갈 수 있는 사람이다.

생각 외로 가족 간의 소통이 잘 안 되어 고통을 호소하는 경우가 많다. 아무리 가까운 부부 사이라도 상대방의 의사를 존중해 주고 조심스럽게 말을 해야 되는데, 상대방을 무시하고 일방적으로 밀어붙이거나 지시하고 명령하고, 무조건적인 순종을 강요하는 경우가 많다. 부부 간에도 자신의 입장에서만 판단하고 상대방의 입장을 고려하지 않고 불리하면 회피, 반대, 거부를 일삼고 남과 비교하면서 자존심을 거슬리는 경우도 많다. 이런 부부라면 과연 함께 살 수가 있겠는가? 아직까지도 가부장적(家父長的)인 관습이 남아 있는 우리나라에서 황혼 이혼이 늘어나는 것도 이와 같은 이유 중에 하나라고 볼 수 있다.

  국가에서도 국민들과의 소통의 필요성을 인식하고 소통 부서를 별도로 운영하고 있으며, 국민신문고를 통하여 국민들의 고통도 접수받고 있다.

3
의사소통은 어떤 방법으로 하는가?

　의사소통은 일반적으로 언어적 의사소통과 비언어적 의사소통으로 이루어진다. 언어적 의사소통은 말로서 자신의 생각이나 감정을 상대방에게 전달하는 것을 말하며, 비언어적 의사소통은 언어적 메시지를 제외한 모든 의사소통의 방법을 말한다. 일상생활에서 대부분 언어적으로 의사소통을 많이 하지만 비언어적으로 의사소통을 하는 경우도 많으며, 실제로 비언어적인 의사소통이 필요한 경우도 많이 발생한다.

　심리학자인 앨버트 메라비언(1967)은 일상적인 대화에서 메시지의 영향을 연구한 결과 말, 단어 등 언어적인 요소는 7%, 어조, 음색 등 음성적인 요소가 38%인 반면 얼굴, 표정 및 몸짓 등 신체적인 요소는 55%로 가장 많은 비중을 차지한다고 발표하였다. 이와 같은 연구 결과는 의사소통을 할 때 비언어적인 의사소통이 중요함을 말해 주는 것이다.

　의사소통은 일반적으로 다음과 같은 방법으로 이루어지고 있다.

◈ 전달하는 방법에 따른 분류

● 언어적인 의사소통

말로서 자신의 의사를 상대방에게 전달하는 방법이다.

만나서 대화를 하거나 전화로 대화를 할 때는 대부분 언어적인 방법으로 의사소통을 한다. 자신의 생각이나 감정을 직접 전달할 수 있으므로 가장 강력하고 효과적인 의사소통의 방법이다.

'말 한마디에 천 냥 빚을 갚는다'라는 속담이 있듯이 말은 그 사람의 인격과 품위를 간접적으로 나타내고 있으므로 우리가 살아가는 데 매우 중요한 수단과 방법이 된다.

말의 발음이 정확하지 않은 사람들을 위하여 언어를 교정하고 치료해 주는 곳이 있으며, 스피치가 부족한 사람들을 위한 스피치 학원도 있다.

말은 어릴 때 구사한 발음이 몸에 익숙해지면 교정하기가 쉽지 않다.

어릴 때 경상도에서 자란 사람이 성인이 되어 서울에서 살 때에도 서울 말씨를 사용하기가 쉽지 않다. 특히 북한에서 남한으로 이주한 사람들이 대한민국에서 살면서 가장 어려워하는 부분이 언어적 이질감이다.

탈북민이라는 신분을 아무리 감추려 해도 북한 사투리를 쉽게 교정할 수가 없기 때문이다. 그 외 언어적인 소통 방법에서 중요한 요인으로는 대화를 하는 시간과 장소 그리고, 상대방의 연령, 지위에 따른 옷차림과 외모 등이 대화를 원활하게 진행하는 데 중요한 요소가 되기도 한다.

목소리의 톤과 억양, 어조는 감정에 영향을 받아 달라지며, 또 어떻게 하느냐에 따라 자신감과 우울, 두려움 등의 심리 상태를 나타내기도 한다. 높은 톤은 크고 힘 있는 억양과 어조는 자신감이 있어 보이며, 반대로 작고 힘이 없는 목소리는 자신감이 없고 불안해 보인다. 톤의 높낮이가 있고, 다양한 어조로 대화를 하면, 대화의 집중도를 높이고 관심과 흥미를 끌 수 있다.

● 비언어적 의사소통

비언어적 의사소통은 언어적 메시지를 제외한 모든 의사소통의 방법을 말한다. 문자나 몸동작, 얼굴 표정, 손동작, 그림, 기호 등이 여기에 해당된다.

- 문자는 보고서, 메모, 이메일, 신문이나 간행물 등이 포함된다.
- 몸동작(제스처)은 말을 할 때에 자연히 나타나는 몸짓, 표정, 손짓 등을 의미한다. 몸짓은 상대에게 의미를 전달하기 위해 몸의 일부 혹은 몸 전체를 움직이는 것이다. 강조하거나 중요한 정보에서는 몸짓이 과장되기도 하며, 긴장하거나 불안할 때는 손가락을 떨거나 주먹을 꽉 쥐는 등의 동작을 보임으로서 상대방의 감정을 파악할 수도 있다.
- 시선도 일종의 의사소통 방법이며, 상대를 바라보는 눈길을 통하여 상대방에게 자신의 마음을 간접적으로 전달하는 표현 방법이다.

시선을 맞춘다는 것은 상대방과 대화에 참여하고 있다는 것을 의미한다. 눈빛은 감정을 표현하기 때문에. 눈빛을 통하여 민감하게 반응하고 있는지, 이해하며 듣고 있는지를 나타내기도 한다. 그렇기 때문에 상대방과의 대화에서 신뢰감을 형성하고 대화에 집중하고 있다는 확신을 주기 위해 상대방과 눈을 맞추며 대화하여야 한다. 그러나 지나치게 응시할 경우 상대방이 부담을 느끼거나 무례하게 느낄 수 있으므로 조심해야 할 부분이다.
- 얼굴 표정은 개인의 감정이나 심리 상태를 그대로 드러내므로, 상대방을 파악하는 데 중요한 정보가 된다. 대화를 할 때 처음 눈에 들어오는 것은 상대방의 얼굴에 나타나는 표정이다. 얼굴에 나타나는 표정으로 상대방의 감정이 얼굴에 나타나기 때문에 표정이 어떻게 나타나느냐 하는 것도 매우 중요하다.

고개를 끄덕인다든지, 가벼운 미소를 짓는 표정 등은 상대방의 말에 동의한다는 뜻이 포함되어 있으므로 좋은 소통방법이다.
- 손동작도 의사소통의 일환이다.

말을 하지 못하는 농아들은 대부분 손동작과 얼굴 표정으로 의사소통을 한다. 그러므로 농아들은 대화의 수단으로 수화를 배우며, 농아에 관심이 많은 사람들도 농아들과 대화를 하기 위하여 수화를 배우고 있다.

농구 경기 중에 감독들이 자신의 뜻을 선수들에게 전달하기 위하여 손가락을 펼치는 것도 비언어적인 소통 방법이며, 야구 경기에서 투수나 포수가 손가락으로 사인을 내는 것도 선수들에게 전달하는 의사소통 방법이다.

◆ **전달하는 종류에 따른 분류**

의사소통에서 말을 전달하는 종류에 따라서 분류하면 보고적 말하기(Report talk)와 관계적 말하기(Rapport talk)로 구분할 수 있다.

● 보고적 말하기

감정은 배제한 채 논리와 사실만을 말하는 사무적인 대화 방법이다.

이와 같은 방법으로 소통을 하게 되면 유대 관계가 형성되지 않는다. 대부분 직장에서 상사와 소통할 경우에는 감정을 배제한 채 사무적인 내용으로만 소통을 하는데 상사 입장에서는 감정을 섞어서 응대를 해 주면 직원들한테 더 신뢰를 받을 수 있다.

만약 부부간이나 부모와 자식 간에 이와 같이 보고적인 방법으로 소통이 이루어진다면 가족 간의 분위기가 얼마나 재미가 없고 삭막해질까? 이런 가정에서 자란 사람이 후에 부모가 되면 자신도 모르게 부모와 닮아간다는 사실을 잊어서는 안 된다.

● 관계적 말하기

논리나 사실보다는 감정을 섞어서 표현함으로서 관계를 형성하고 유지하는 차원의 대화 방법이다. 관계적인 방법으로 대화를 하게 되면 듣는 사람 입장에서는 전달하는 사람의 뜻을 쉽게 이해할 수도 있으며 서로 좋은 관계를 계속 유지할 수 있다.

● 원만한 소통 방법

항상 먼저 관계적 말하기로 시작을 하고, 그 후에 보고적 말하기를 한다. 예를 들면 남편이 집에 들어오면서 그냥 '배고파 밥 줘' 하는 것보다는 '하루 종일 집안 일 하느라 힘 들었지?', '된장찌개 냄새가 구수하네^^' 등 관계적 말을 한 후에 밥 달라는 보고적인 방법으로 말을 하게 되면 친근감이 더해지고 원만한 소통이 이루어질 수 있다.

자식이 부모에게 용돈을 청구할 때도 '엄마, 나 얼마 줘!' 하는 것보다는 사용처를 먼저 말하고 얼마가 필요하니 얼마를 달라고 하면 어떤 부모가 거부하겠는가?

◈ 전달하는 유형에 따른 분류

의사소통은 전달하는 유형에 따라서 다음과 같이 분류할 수 있는데, 모든 유형은 대부분 자신이나 타인, 상황 등의 요소에 대한 인식의 차이에 의하여 구분된다.

나는 과연 어떤 유형에 속하는지 확인해 본다.

- **일중독형**

소통의 요소인 자신과 타인은 전혀 생각하지 않고 오직 상황만 인식하는 유형이며, 목표를 향해 집중만 할 뿐 주위 사람들은 안중에도 없는 유형이다. 대화가 거의 없으므로 사람들이 가장 싫어하는 유형이다.

- **비난형**

모든 잘못은 남의 잘못으로 돌리면서 자신을 방어하려고 하는 유형이다.

이 유형은 자신과 상황만을 인식하는 반면 타인은 전혀 인식하지 않는 이기적인 유형이다.

• 수용형

 모든 상황을 자신의 탓으로 돌리면서 타인의 말을 모두 수용하는 유형이다. 이 유형은 타인과 상황만을 인식하는 반면 자신은 인식하지 못하고 있는 유형이다. 수용형인 부모들은 잘못하면 자식들이 버릇없는 사람이 될 수 있음을 인식해야 한다.

• 산만형

 산만형은 상황에 적절하게 반응하거나 현재의 주제에도 집중하지 못하고 관심을 분산시키고 횡설수설하거나 말이 자주 바꾸는 유형이다.

 심각한 상황에서도 농담이나 다른 행동을 취하는 등 그 상황을 모면하려고만 한다. 이 유형은 자신과 타인, 상황이 모두 일치하지 않는 바람직하지 못한 유형이다.

• 일치형

 모든 상황을 인식하고 조율하여 상호 의사를 일치시키는 유형이다. 이와 같은 유형의 소통 방법을 추구하기 위하여 누구나 노력하고 있다. 상대방의 의사도 충분히 들어주고 잘못된 내용이 있다면 꾸짖기보다는 자신의 의사를 충분히 전달하여 의견이 일치시키는 유형이다.

4

효과적인 의사소통 방법

효과적으로 의사소통을 잘하려면 우선 상대방에게 관심을 갖고 상대방의 말을 적극적으로 잘 들어 주어야 한다. 상대방이 말을 할 때 공감이 가면 고개도 끄덕여 주면서 연대감을 형성하고, 재미있는 말을 할 때면 함께 웃어 주기도 한다. 소통 중에 가장 조심해야 할 것은 상대방이 아직 말이 끝나지도 않았는데, 중간에 끼어들어 상대방의 말을 막아버린다거나, 동문서답(東問西答)하고 혼자서 말을 너무 많이 하는 것 등이다.

구체적인 내용으로는,
- 상대방이 말을 할 때는 적극적으로 경청한다.
- 상대방이 말을 할 때는 고개를 끄덕이는 등 공감을 한다.
- 상대방의 대화 중간에는 상대방의 말이 끝날 때까지 끼어들지 말아야 한다.
- 상대방이 말을 할 때는 주의를 집중하고 수용적인 태도를 보인다.
- 대화를 할 때는 상대방을 바라보고 관심을 보이면서 소통을

한다.
- 상대방에게 의견을 제시하여 상대방이 말을 많이 하도록 배려한다.
- 상대방이 의견을 제안할 때는 흔쾌히 받아들인다.
- 대화 중에는 항상 상대방의 눈을 쳐다보면서 적극적으로 대화한다.
- 내가 말을 할 때는 상대방의 반응에도 주의를 기울여야 한다.
- '아하, 그래, 음, 그렇지?' 등과 같이 상대방의 말에 동의어를 구사하면서 연대감을 형성한다.
- 상대방의 의견을 반복하여 말함으로서 공감대를 형성한다.
- 상대방의 질문에 대하여 반응을 분명히 한다.
- 상대방의 눈높이나 수준에 맞추어서 대화를 해야 된다.

- 동문서답하지 말아야 한다.
- 대화는 사실에 근거함으로써 신뢰성이 있어야 한다.
- 필요한 말들을 주고받음으로써 대화의 질과 양을 적절해야 한다.
- 성경에서 가르쳐 주시는 지혜로운 말이란 말을 많이 하는 것보다는 적게 하는 것이 지혜롭다고 한다.

'입과 혀를 잘 지키는 자는 자기의 영혼을 환난에서 보전하느니라(잠언: 21~23)'

'말이 많으면 허물을 면하기 어려우나, 그 입술을 제어하는 자는 지혜가 있느니라(잠언: 10~19)'

'말을 아끼는 자는 지식이 있고, 성품이 냉철한 자는 명철하다(잠 17:27)'

'말은 듣기는 속히 하고 말하기는 천천히 하며, 성내기는 천천히 하라(야고보서: 1~19)'

세종대왕에게 총애를 받았던 황희(黃喜) 정승의 일화는 우리들에게 많은 것을 시사해 주고 있다.

집의 여종들이 서로 시끄럽게 싸우다가 한 여종이 황희에게 와서 "아무개가 이러저러한 못된 짓을 하였으니 아주 나쁜 년입니다"라고 일러바쳤다고 한다. 그녀의 말을 황희는 "네 말이 옳다"라고 하였다. 또 다른 여종이 와서는 똑같은 말을 하니 황희는 또 "네 말이 옳다"라고 하였다.

마침 황희 조카가 옆에 있다가 "아저씨 너무 흐릿하십니다. 아무개는 이러하고, 다른 아무개는 저러하니, 이 아무개가 옳고 저 아무개가 그릅니다" 하며 자신이 판결을 하고 나서자 황희는 또 다시 "네 말도 옳다"라고 말하고는 독서를 계속했다고 한다.

이 이야기는 얼핏 들으면 줏대 없는 행동 같지만, 이는 어느 한쪽 말만 들어가지고는 진의를 정확하게 판단할 수 없다는 것을 보여주는 일화이다.

이런 일화도 있다. 황희가 청년일 때 어느 농부가 소 두 마리를 가지고 농사를 짓고 있었다. 황희가 무심코 "이 두 소 중에 어떤

소가 일을 잘 합니까?"라고 물었더니, 그 농부는 황희에게 가까이 다가와 "누런 소가 검정 소보다 일을 더 잘합니다"라고 귓속말로 대답했다.

　황희는 황당해 하며, "그냥 있는 곳에서 말하지 왜 굳이 가까이 와서 귓속말로 대답합니까?"라고 물었더니 농부는 "아무리 말 못 하는 짐승이라도 일 못한다는 험담을 들으면 기분이 어떻겠습니까?"라고 대답했다 한다. 그 일이 있은 후부터 황희는 말조심을 했다고 한다.

　이 두 가지 일화는 우리들이 말을 어떻게 하고 살아야 하는 것인지 많은 것을 일깨워 주는 좋은 일화이다.

5

비효과적인 의사소통 방법

 의사소통을 할 때는 항상 상대방의 입장을 고려하여 말을 해야 한다.
 내가 이런 말을 할 때는 상대방이 어떤 반응이 나올 것인지 입장을 바꾸어 생각해 보면 답이 나온다.
 내가 듣기에 불쾌할 것 같으면 상대방도 역시 불쾌한 것이다.
 비효과적인 의사소통 방법으로는 다음과 같은 예를 들 수 있다.

- 일방적으로 '이렇게 해라! 저렇게 해라!' 등 해결책을 제시하는 말투
- 남을 비교하는 말투(너 친구는 학원을 보내지 않아도 공부를 잘하는데 너는… 등)
- 과거의 일을 들추어내는 말투(옛날 여자 친구 만났지? 등)
- 명령, 지시, 강요하는 말투(담배 피우지 말아요!, 술 먹지 말아요! 등)
- 경고, 위협하는 말투(또다시 그러면 등)
- 당부, 설득, 설교, 도덕적 행동을 요구하는 말투(당신은 맏며

느리이니까 등)
- 충고, 제안하는 말투(그런 것은 나에게 먼저 상의해야지? 등)
- 평가, 우롱, 비판하는 말투(생각 좀 하면서 살아라! 등)
- 탐색 및 심리 분석의 말투(왜 또 그래! 등)
- 둘러대거나 회피하는 말투(나중에 이야기하자구나! 등)
- 부정적인 말투(당신 주제에... 당신 얼굴에... 등)
- 시댁(처갓집)에 대한 험담은 절대로 하지 않는다.
- 극단적인 말(예: 헤어지자 등)은 어떠한 상황이라도 하지 않는다.
- 남을 가르치려고 하지 말아야 된다.

6

약이 되는 말들

　노인들은 나이가 많다고 다른 사람들에게 존경을 받으려고 행동을 해서는 안 된다. 그리고 다른 사람들에게 욕을 먹어서도 안 된다. 욕을 먹지 않기 위해서는 말을 곱게 사용해야 된다.

- 감사합니다.
- 보고 싶었습니다.
- 소식 기다렸습니다.
- 언제 뵈도 한결 같으시군요.
- 손이 참 예쁘군요.
- 잘 되시지요?
- 그래도 전 믿을 수 있어요.
- 좋은 날이 오겠지요.
- 넌 참 인상이 좋아!
- 참 아름답네요.
- 도와주신 덕분이지요.
- 제 잘못입니다.

- 사랑합니다.
- 좋은 시간이었습니다.
- 목소리만 들어도 누군지 알겠습니다.
- 좋아 보이네요.
- 인상이 참 좋으시군요.
- 역시 네가 최고야!
- 잘 참으셨습니다.
- 그 옷이 참 잘 어울립니다.
- 분위기가 좋군요.
- 건강해 보이십니다.
- 그래, 네 말이 맞아.
- 참 잘 했어요.
- 말씀 감사합니다.
- 이 정도면 넉넉합니다.
- 잊지 않겠습니다.
- 그 참 좋은 생각이네요.

미국의 세계적인 잡지인 다이제스트에 '실패할 수밖에 없는 사람'에 대하여 다음과 같은 결론은 내렸다.

첫째, 감사할 줄 모르는 사람
둘째, 예의가 없는 사람
셋째, 늘 부정정인 사람
넷째, 땀 흘리기 싫어하는 사람 등이다.

4.
노인들의 리더십(Leadership)

　러시아가 우크라이나를 침공했을 때 러시아는 물론이고 많은 사람들이 며칠 내로 우크라이나의 수도인 '키이우'가 함락될 것이라고 예상했었다. 미국에서도 젤렌스키 대통령에게 항공편을 제공해 주겠으니 망명을 권유했었다. 그러나 젤렌스키 대통령은 군복을 입은 나에게 필요한 것은 항공편이 아니라 더 많은 탄약이 필요하다고 호소하면서 자신은 끝까지 이곳에 남아서 조국을 지키겠다고 하였다. 이와 같은 지도자의 결의에 찬 말 한마디에 우크라이나의 젊은이들은 감동을 받고 13만 명이 자원입대하였으며, 외국에 나가 있던 젊은이들도 조국을 지키기 위해 자진 입국하였다고 한다.

　미국의 시사 주간지 타임지는 용감한 지도자 밑에 용감한 국민이 있었다고 칭찬하면서 젤렌스키를 진정한 우크라이나의 초대 대통령이라고 하였다.

　아프가니스탄 전쟁에서 미국이 20년 간 지원해 주었지만 끝이 보이지 않자 미군이 철수를 결정하였다. 그 후 가니 대통령은 돈을 항공기에 잔뜩 싣고 곧바로 이웃 나라로 망명해 버렸는데, 아프가니스탄은 2일 만에 이슬람 무장 단체인 탈레반의 손에 넘어가 버렸다.

　우크라이나 전쟁과 아프가니스탄 전쟁은 너무나 대조적이었다.
　이와 같이 지도자의 리더십은 그 조직을 흥하게도 하며 망하게도 한다. 우리나라도 이순신 장군의 리더십이 왜놈들로부터 조선을 지켰으며, 국내 기업의 총수 한 사람의 리더십 능력이 수십만 명을 먹여 살리고 국가의 부흥에도 기여를 했었다. 스포츠 현장에도 똑같은 선수들이지만 감독 한 사람 바뀌었는데 하위권에 머물던 팀이 상위권으로 도약하는 경우도 발생한다.

노인들도 가정에서는 리더이다. 가정에서도 리더가 어떻게 하느냐에 따라서 그 가정은 평화로울 수도 있으며 고난에 빠질 수도 있다. 그만큼 조직에서 리더의 역할은 매우 중요한 것이다.

1
리더십이란 무엇인가?

　리더(Leader)란 조직이나 단체 등에서 앞장서서 활동을 주관하는 사람을 말한다.
　리더십(Leadership)이란 조직이나 단체의 목적을 달성하기 위하여 조직이나 단체를 다스리거나 이끌어가는 지도자의 능력을 말한다. 비슷한 용어로는 지도력, 통솔력 등이 있다.
　리더의 지도 능력에 따라서 그 조직이나 단체는 성공과 실패에 지대한 영향을 미치므로 지도자의 리더십은 매우 중요한 것이다. 지도자가 효과적인 리더십을 발휘하기 위해서는 지도자의 투철한 가치관과 인성을 먼저 갖추어야 하며 업무 외적인 행동에서도 항상 모범을 보여줌으로서 먼저 신뢰를 얻어야 한다.
　해럴드 제닌(2013)은 지도자의 리더십은 말로 행하기보다는 태도와 행동으로 먼저 모범을 보여 주어야 한다고 하였다. '보스가 허영심에 빠지면 예스맨만 남는다'고 하였다.
　지도자로서 갖추어야 할 리더십의 자질로는 먼저 비전과 목표를 결정하는 능력이 있어야 하며, 단체를 통솔하는 능력, 사람들에게 존경과 신뢰를 얻는 능력, 구성원들에게 지지를 받을 수 있는 능력 등이 구비되어야 한다.

  진정한 지도자의 리더십이란,

  - 명확한 목표와 비전을 제시할 수 있어야 한다.

  - 의사 결정을 할 때는 정확한 판단력을 가지고 있어야 한다.

  - 지도자는 언행일치(言行一致) 즉, 말과 행동이 일치하여야 한다.

  - 구성원들을 먼저 신뢰하고 동기를 부여할 줄 알아야 한다.

  - 의사소통이 잘 이루어져야 한다.

일방적으로 구성원들에게 지시를 내리고 명령하는 소통이 아닌, 직원들의 의견을 경청하고 반영할 수 있는 열린 마인드를 갖고 있어야 한다. 유능한 리더는 옳은 의견에는 항상 지지를 실어 주고 구성원들이 능동적으로 의견을 공유할 수 있도록 분위기를 조성해 주어야 한다.

  한 조직의 목표 달성은 여러 구성원들이 공감하고 능동적으로 참여를 할 때 가능한 것이며, 리더는 구성원들이 자신의 능력을 최대한 발휘할 수 있도록 재능과 열정을 이끌어 낼 수 있는 능력이 있어야 한다. 또한 훌륭한 리더는 강압적인 지시보다는 구성원 개개인이 주인 의식을 가지고 일할 수 있는 동기를 유발할 수 있도록 여건과 환경을 만들어 줄 수 있어야 한다.

리더십의 유형은?

리더십의 유형을 분류한 학자들은 많다.

그중에서도 Ronald Lippitt & Ralph K. White(2015)가 분류한 3가지 유형의 리더십인 권위적, 민주적, 자유방임적 리더십은 가장 많이 인용하는 리더십 중의 하나이다.

◈ **권위적 리더십**

지도자가 조직의 목적이나 방향을 스스로 결정하고 구성원들이 일방적으로 따라오게 하는 리더십 유형으로 '전제형 리더십'이라고도 한다.

권위적 리더는 지도자의 직위와 능력에 의존하고 주어진 과업의 수행에 높은 가치를 두고 있는 반면 구성원들의 의견은 거의 반영이 안 된다. 그러므로 구성원들은 자발적인 행동을 보이지 않고, 의견 교환이 적어서 공동체 의식이 약해진다. 권위적 리더십이 필요한 상황은 국가라는 조직이 전쟁이나 경제 공황과 같은 일대 위기에 직면하게 된 상황이나 아직 권위적 생활 양식이 지배하고 있는 전통사회에 있어서는 효율적이다.

　권위적 리더십의 단점은 지도자는 독단적인 의사결정을 하고 자기의 의견과 다른 것은 수용하려 하지 않는다. 이러한 리더십 상태에서는 조직 구성원들이 창의성을 발휘하기가 힘들어지고 적극적으로 의사결정에 참여 할 수가 없기 때문에 지도자에게 인정을 받기 위해서 지도자에게 은밀하게 접근한다. 그로 인하여 조직 구성원들 간 불신감과 적대감이 조장될 수 있으며 현대 사회와 같이 변화의 속도가 빠른 조직에서는 효과적인 리더십이 될 수 없다.

◆ 민주적 리더십

　권위적 리더십과 자유방임적 리더십의 중간 유형이다.

　의사결정을 위해서는 리더와 조직 구성원들이 함께 의사를 교환하며 토론하고 의사의 결정은 리더의 조언과 집단 토론으로 결정하는 유형이다. 권력과 책임 그리고 성과의 결과는 리더와 직원들이 함께 나누어 가진다. 리더와 구성원들 간의 관계는 매우 호의적이며 업무 성과는 매우 높다. 현대 사회에서 가장 추구하는 리더십 유형이라고 볼 수 있다.

◆ 자유방임적 리더십

　자유방임적 리더십은 지도자가 조직의 의사결정 과정을 이끌지 않고 조직 구성원들에게 의사결정 권한을 위임해 버리는 리더십 유형이다.

　자유방임적 리더십은 권위적 리더십의 정반대 성향을 보이는 리더십으로, 조직의 구성원들에 대한 통제를 최소화하여 구성원들이 자유롭게 의견을 제시할 수 있는 분위기를 형성하고, 대부분의 의사 결정을 조직의 구성원들에게 맡긴다. 이는 구성원들이 자유로운 회의를 통해 다양한 의견을 제시할 수 있으나, 조직 구성원들에 대한 통제가 엄격하게 이루어지지 않아 리더의 지시나 명령이 영향력을 발휘하지 못하며, 조직 구성원의 역량이 낮을 때는 올바른 의사결정을 내리기가 어렵다는 문제점이 있다.

지도자의 리더십은 각각의 스타일에 따라 장단점이 있는데, 대부분 그 시대에 성공한 지도자의 스타일을 선호하게 된다.

우리나라 지도자들도 과거에는 권위적인 스타일의 리더십이었으나 민주적인 리더십으로 변화되었다가 현재는 서번트형 리더십 스타일로 변화를 도모하고 있다.

국내의 스포츠 현장에서는 지도자의 스타일을 지장과 덕장, 맹장 등으로 구분하고 있다.

◈ 지장

지장은 지도자가 지혜가 뛰어나고, 워낙 똑똑하다고 판단하여 자신이 스스로 판단하고 지시하며, 조직원들을 이성적으로 판단하고 장악한다.

하지만 조직원들은 지도자에게 수동적으로 지시만 받기 때문에 창의성이 없게 된다.

단점으로는 지도자가 주변인을 능력 기준으로 판단하므로 인간미가 부족하고 구성원 간 결속력이 없어진다. 가장 큰 단점은 지도자의 판단이 잘못되면 조직 전체가 심각한 위기에 봉착하게 된다는 것이다.

◆ **덕장**

덕장은 성격이 유하고 포용력이 있으므로 아랫사람의 의견에 귀를 기울일 줄 안다.

부드럽게 감싸 줌과 동시에 자신을 내세우지 않으므로 조직원들에게 존경을 받으나, 잘못하면 줏대가 없고 사람만 좋다는 소리를 들을 수 있다. 덕만 있고 위엄이 없으면, 잘해 주어도 나중엔 아랫사람들이 버릇없이 행동하게 된다. 단점으로는 구성원들에게 중심을 잘 잡아주지 않으면 조직이 우왕좌왕하여 목표를 잃을 수가 있다.

◆ **맹장**

맹장은 불같은 카리스마로 화끈하게 조직을 장악해서 자신이 원하는 방향으로 몰고 가는 스타일이다. 일사불란한 장점은 있지만, 아랫사람들이 좀체 기를 펼 수가 없으므로 방향이 잘못되었을 경우에는 대책을 마련하기가 어렵다. 비상시에는 유리하지만, 평상시에는 조직의 창의성이 발휘되지 못한다. 때로는 놀라운 성과를 내기도 하지만 늘 그렇지 못한 것이 단점이다.

지장과 맹장은 위엄만 있고 덕이 부족한 경우가 많으며, 덕장은 위엄까지 갖추기가 쉽지 않다. 덕과 위엄의 조화 즉, 머리와 가슴과 실력이 균형을 이룰 수 있는 지도자가 되어서 누구에게나 존경받을 수 있는 지도자가 가장 바람직한 지도자의 리더십 스타일이다.

국내에서도 지도자의 리더십 스타일은 과거에는 야구의 김응

용 감독과 같은 맹장 스타일을 선호하였으나 좋은 성적을 낸 지장의 이광환 감독, 덕장의 김인식 감독 등이 좋은 성적을 낼 때마다 선호하는 지도자의 리더십 스타일이 달라지고 있었다.

  과거에는 선수들에게 폭행과 폭언을 일삼았던 맹장 스타일의 지도자가 많았으나 선수들의 인권이 중요시되고 스마트 폰의 출현으로 인하여 현재는 지장과 덕장을 겸비한 스타일로 변화되었다고 볼 수 있다.

3
서번트(servant)형의 리더십

서번트(servant)라는 말은 종이나 하인, 노예 등을 말한다. 즉, 지도자가 종이나 하인처럼 자신을 낮추어서 구성원들을 섬긴다는 뜻으로 요즘 가장 많은 각광을 받고 있는 지도자 스타일이다. 서번트형의 지도자는 인간 존중을 바탕으로 하여 섬기고 봉사하는 자세로 구성원들을 후원하고 지지함으로써 구성원들의 잠재력을 이끌어 내는 리더십을 말한다.

서번트 스타일의 특성은 자기희생적인 봉사를 말한다.

다른 사람 위에서 군림하고 권력으로 강요하고 지시하는 것이 아니라 자기 자신 스스로를 낮추고 조직의 부담과 걱정을 짊어지고 가는 리더의 스타일로서 요즘 지도자들은 이 스타일을 가장 선호하고 있다.

서번트형의 리더십을 최초로 실행한 사람이 예수님이신 것 같다. 2000년 전 로마의 절대 권력 아래에서 유대인으로 살아가면서 자신의 모든 것을 헌신하며 목숨까지 희생하신 분이시니까. 특히 국내에서도 지방자치제도가 정착하고 난 후 정치 지도자들은 주민들에게 지지를 받아야 선택될 수 있으므로 자신을 낮추고 지지자들을 존경하겠다는 약속으로 선거에 임하고 있으며 당선된 이후에도 그렇게 실천해야만 계속 지지를 받을 수 있다. 요즘 가장 많이 지지를 받고 있는 서번트 리더십에서 가장 중요시되는 속성들의 요인은 다음과 같다.

◈ 인내

위기 상황일수록 인간은 많은 갈등이 일어난다. 이러한 갈등 상황에서 대립이 아닌 이성으로 대응할 수 있는 인내심이 필요하다. 서번트 스타일의 리더는 갈등 상황에서 특히 인간관계에서의 인내와 자제를 중요시하며 분노를 잘 참을 줄 아는 사람이어야 한다.

◈ 친절

친절을 베풀기 위해서는 관심을 표현해야 하며 예의를 갖추어야 한다. 원만한 관계는 타인을 인정하고 격려하며 예의를 갖추는 것이 중요하다. 모든 인간의 내면에는 인정받고자 하는 욕구가 숨어있음으로 친절은 이러한 인간의 욕구를 충족시킬 수 있는 중요한 속성이다.

◈ 겸손

겸손한 리더는 자신의 가치관과 도덕성에 부합하거나 옳은 일이라고 판단될 때에는 주어진 임무나 목표를 향해 강한 열정과 추진력을 보인다. 겸손한 리더는 자신에게 부족한 점은 있는 그대로 인정하고 그러한 자신의 실체를 비하하기보다는 이를 개선하기 위해 노력한다. 그렇기 때문에 겸손한 리더는 언제나 타인의 견해에 귀를 기울이고 반대 의견도 폭넓게 수용한다. 또한 겸손한 리더는 타인의 가치를 인정하고 자신을 부각시키기 위해 애쓰지 않는다.

◆ 존중

훌륭한 리더는 언제 어떤 경우든 주변 사람들을 소중한 존재로 대한다. 상대방에게 존중을 표현하는 가장 효과적인 방법은 사람들에게 어느 정도의 책임을 위임함으로써 그들의 성장과 자기계발을 돕는 것이다. 적정 수준의 위임은 당사자의 능력과 기술을 인정하고 존중한다는 의미이다. 다른 사람을 존중해 주면 그 사람도 나를 존중하게 된다.

◆ 무욕

무욕(無慾)이란 나보다도 타인의 욕구를 충족시키는 것이다. 리더는 타인을 위해 봉사하고 희생해야 하며 우리의 기대와 욕구보다 타인의 욕구를 추구하겠다는 의지가 필요하다.

서번트 리더십은 타인의 잘못된 것을 지적하고 변화시키는 것이 아니라 내 자신을 변화시키고 발전시키는 것을 의미한다.

◆ 용서

용서의 정의는 적대감을 극복하는 것이다.

완전한 사람은 없듯이 사람은 언제든지 실수를 할 수 있다. 그러므로 리더는 타인의 한계와 불완전함을 인정하고 인내하는 마음을 가져야 한다. 사람들로 인해 상처받거나 낙담하면서 생겨나는 적대감에 대처하며 용서할 수 있는 아량이 필요하다.

◆ 정직

　정직은 남을 속이지 않는 것으로서 정직은 우선 신뢰를 형성하는 것이 가장 중요하다. 정직한 리더와 일하는 사람들은 자신의 행동에 대해서도 무거운 책임의식을 느낀다.

◆ 헌신

　헌신은 맡은 직분에 충실하는 것이 밑바탕이 되어야 한다.
　강한 의지와 헌신적인 노력 없이는 지금까지 언급한 모든 요인들은 아무런 의미가 없다.
　최고의 서번트 리더는 자신의 직분을 충실히 실천하기 위해 노력하는 사람이며, 개인과 조직 모두의 지속적인 성장을 위해서 헌신과 열정을 요구하는 사람들이다.

4

독재자들의 리더십과 예수님의 리더십

독재자들은 대부분 카리스마 스타일의 리더십을 발휘한다.

이런 지도자들은 상황이 어려움에 처하여 비상시국에 놓여있을 때 가장 효과적으로 각광을 받을 수 있는 지도자들이다. 미국에서 1930년대에 대공황이 발생했을 때, 프랭클린 루스벨트 대통령이 등장하여 대공황에서 벗어날 수 있었다. 1차 세계대전에서 패망한 후 독일의 국운이 기울면서 국민들이 패배감에 빠져 살던 시절에 히틀러가 등장했다. 국내에서도 1960년대까지만 해도 빈곤에 허덕이든 국민들을 먹여 살리기 위하여 박정희 대통령은 강력한 카리스마 스타일로 새마을 운동을 일으키고 공장을 세워서 산업화를 이루어내었다.

독재자들이 강력한 카리스마적인 기질을 나타낸 반면, 성경에 의하면 예수님은 절대 권력자인 로마 독재자들과 맞서서 겸손과 희생으로만 일관하였으며 십자가에 매달려 죽기까지 하였다.

정반대인 두 부류의 리더십을 비교해 본다.

◈ 독재자 리더십

카리스마 리더십에 최초로 주목한 연구자는 로버트 하우스(1977)인데, 그에 따르면 카리스마 리더십이란 부하들이 리더에 대해 영웅적이거나 비범한 능력이 있는 것으로 생각하고 순응하는 것을 말한다.

카리스마 리더들은 선천적인 특성을 가지고 있는 경우도 있지만 행동을 통해 만들어질 수도 있다고 한다. 그들은 기본적으로 자신감이 넘치며, 외향적이고 목표 중심적이다.

긍정적인 관점을 고수하면서 대중들의 열광을 이끌어내고 말뿐 아니라 행동으로 자신을 표현한다. 즉, 열정적인 표현으로 자신의 메시지를 강조하고 적절한 제스처를 취하는 행동 등을 보이기도 한다.

사람들은 심리적인 각성 상태에 있을 때 카리스마적인 리더에게 더 많이 동조하게 된다. 존경할 수 있는 사람을 자신과 동일시하여 스스로 자신감을 찾고 추종자들로 하여금 해낼 수 있다는 마음을 심어주기 때문이다. 이러한 내용은 전쟁 중이거나 국운이 기울고 있을 때 혹은 사람들의 목숨이 위협받고 있는 극단적 상황에서 카리스마 리더가 왜 등장하게 되는지를 설명해준다. 독재자 리더들의 특성을 보면

● 비전 제시 및 명확한 표현

카리스마 리더는 이상적인 비전을 갖고 구성원들에게 현재보다 더 나은 미래를 제시한다. 그리고 명확한 표현을 통해 어떻게 목표를 실현할 수 있을지를 이해시키는 능력이 있다.

- **개인적인 위험 감수**

 카리스마 리더는 부하들보다 높은 개인적 위험을 감수하고 있으며, 비전을 달성하기 위해서라면 기꺼이 자신을 희생한다.

- **욕구에 대한 민감성**

 카리스마 리더는 구성원들이 무엇을 원하는지, 어떠한 능력을 가지고 있는지 등을 감지하고 그들의 욕구와 감정에 예민하게 반응한다.

- **관습에 얽매이지 않는 행동**

 카리스마 리더들은 기존의 틀을 깨고 혁신한다. 즉 관습에 반대하는 행동을 거리낌 없이 한다.

 카리스마 리더는 장점도 많지만 단점도 많다. 카리스마 리더는 구성원들을 결속시켜 집단의 능력을 엄청나게 강화시키지만 이에 따른 단점도 존재한다.

 우선 리더의 부재 시 집단이 와해될 가능성이 높다는 점이다.

 리더에 크게 의존하는 집단은 스스로의 문제 해결 능력이 현저히 떨어지기 때문에 리더의 부재 시를 주의해야 한다. 또한 구성원들이 반대 의견을 내는 사람들을 압박함으로써 개성이나 창조성을 잃을 수 있으며 적대감을 갖는 사람이 늘어난다. 독재자들의 잘못된 판단은 많은 사람들에게 고통을 주며 엄청난 재앙을 불러일으킬 수도 있다.

 세계 전쟁이 독재자들의 올바르지 못한 잘못된 판단으로 일어났으며, 현재도 러시아 푸틴 대통령의 영웅심이 우크라이나를 침공하여 많은 사람들이 희생되었으며 세계 경제를 힘들게 만들고 있다.

북한에서도 절대 권력자들의 독재로 인하여 얼마나 많은 사람들이 고통을 받고 있는가?

◈ 예수님의 리더십

예수는 하나님의 아들이며, 하나님의 많은 능력을 지니고 있었음을 사람들은 확인하고 수많은 사람들이 예수님을 추종하였다. 예수님께서는 왕으로 오셨지만 우리 죄를 대속하기 위하여 십자가에 매달려 죽을 만큼 자신을 희생하고 헌신하였으며, 제자들의 발을 손수 씻길 만큼 제자들을 사랑하셨다. 예수님의 리더십을 성경을 통하여 알아본다.

• **서로 미워하지 말고 사랑하라는 것이었다.**

예수님은 '새 계명을 너희에게 주노니 서로 사랑하라 내가 너희를 사랑한 것 같이 너희도 서로 사랑하라(요한복음 13:34)'고 하였다.

탈북자들의 증언에 의하면 지금 북한에서는 '사랑'이라는 단어를 거의 사용하지 않고 있다고 한다. 2000년 전 로마가 유럽을 지배했던 시절에도 '사랑'이라는 단어를 거의 사용하지 않았는데, 예수님은 서로 '사랑'하라고 강조하셨다.

• 섬김이었다.

예수님은 제자들의 반대에도 불구하고 제자들의 발을 직접 씻겨드렸듯이(요한복음 13:14), 제자들에게 대접을 받기보다는 오히려 제자들을 더 섬겼다.

• 많은 어려운 사람들을 구제하였다.

병든 사람, 연약한자들을 위하여 직접 치료하며 구제하였다.

• 겸손이었다.

무릇 자기를 높이는 자는 낮아지고, 자기를 낮추는 자는 높아지리라(누가복음 14:11).

주 앞에서 낮추라 그리하면 주께서 너희를 높이시리라(야고보서 4:10).

• 희생이었다.

예수님은 우리들의 죄를 대속하기 위하여 십자가에 매달렸다(요한복음 18:22).

예수님의 리더십은 남을 섬기며, 구제하며, 헌신하고 자신은 희생하면서 모든 세상 사람들을 사랑하셨다. 예수님은 2000년 전에 이미 서번트 리더십을 몸소 실천하신 분이다.

5.
노인의 4고(苦)

우리는 모두 나이를 먹으면 지위 고하를 막론하고 반드시 늙는다.

젊은이들 중에는 자신이 노인이 되지 않을 것처럼 생각하고 행동하지만, 젊은이들도 예외 없이 언젠가 공평하게 늙을 것이다. 그리고 은퇴 후 노인의 삶은 수명의 연장으로 인하여 지금보다는 훨씬 더 길어질 것이다.

100세 시대를 앞두고 있다고 하지만 4고에 시달리면서 100세를 산다면 본인도 불행한 것이며, 가족들도 몹시 힘들어 할 것이다. 4고에 시달리면서 100세를 산다는 것은 모든 사람들의 고통이요, 100세까지 산다는 것 자체가 의미도 없을 것이다.

노인 4명 중 1명은 죽고 싶다는 생각을 해 본 적이 있다고 한다. 한국성서대학교 산학협력단에서 만 65세 이상 노인 1,000명을 대상으로 설문 조사한 결과를 인권위가 '2017년 노인 인권실태조사'에서 보고한 내용이다.

'너는 늙어 봤냐? 나는 젊어 봤다'라는 농담도 있지만 노인이란 자신도 모르게 어느 날 갑자기 내 앞에 펼쳐진다. 노인이 되면 사람에 따라 차이는 있지만, 4고에 시달리는 노인들도 예상 외로 많다.

4고(苦)란 노인들이 겪는 4가지 고통을 말한다. 노인이 되어 4고를 겪지 않으려면 젊었을 때 열심히 노력하여 노후 대책을 잘 세워두면 좋겠지만 뜻대로 되지 않은 것이 인생사이다.

1
빈고(貧苦: 경제적인 고통)

노인이 되면 직업에서 은퇴하여 수입이 감소하게 된다.

특히 자식들 공부시키고, 결혼시키는 데 모든 것을 투자하고 노후 대책을 세워 놓지 못한 부모들은 노후에 경제적 빈곤으로 인하여 많은 고통을 받게 된다. 베이비부머 세대들은 이제 노인이 되기 전에 노후 대책을 철저히 세워서 노후에 경제적 빈곤으로 인하여 고통 받지 않도록 준비를 철저히 해야 될 것이다.

통계청의 '한국 노인들의 삶과 의식 변화 추세'에 의하면 2021년 노인 빈곤율(중위 소득 50% 이하)은 40.4%로서 OECD 국가 중 1위이다. 노인들의 경제적인 부양을 위해서는 공적, 사적 부양이 모두 필요하다. 공적인 부양은 노인 복지 서비스와 장기 요양 보험 제도 등을 국가나 사회가 지원하는 것을 말한다. 공적인 부양은 국가적으로 노인 복지 정책을 강화하여 국민연금이나 기초 노령 연금 등을 강화함으로써 노후 소득을 보전하며, 노인 요양 장기 보험을 통하여 장기적인 돌봄 서비스를 제공하는 것도 포함된다.

현재 소득이 중위 소득의 50% 이하인 기초 생활 수급자 대상자들에게는 생계, 의료, 주거, 교육, 자활 등에 필요한 급여를 지급하고 있다. 또한 2014년에 도입된 사회 보장 제도로서 기초 노령 연금 제도가 있다. 소득 하위 70%에 해당되는 만 65세 이상인 노인에게 지급되는 생활 보조금을 의미한다.

우리나라도 경제가 성장하여 국가에서 노인들에게 이런 혜택을 줄 수 있다는 것은 노인들에게는 큰 힘이 되는 것이다. 우리나라가 이정도 경제 성장을 이루어 낸 것도 지금의 노인들이 젊었을 때 열심히 피땀 흘린 대가라고 생각하면 미안해 할 필요는 없다.

사적인 부양은 본인 스스로 노후 대책을 세우거나 가족들이 보살피는 부양이다.

최근에는 각 지역 단체별로 노인들의 일자리를 제공해 줌으로써 일과 건강, 수입을 동시에 취득할 수 있도록 일자리를 제공하고 있다. 또한 노후 대책 없이 집만 한 채 있는 사람들에게는 한국주택금융공사에서 실시하고 있는 주택 연금 제도를 활용하는 것도 좋은 방법이다.

우리나라의 경우 급격한 노령화와 베이비부머 세대의 은퇴, 자녀의 교육 및 생활 지원 등의 영향으로 집 한 채만 가진 채 은퇴하는 5060 세대가 많은 것이 현실이다. 주택 연금 제도란 은퇴 후 노후 자금을 별도로 마련하지 못한 상태에서 보유하고 있는 집을 담보로 맡기고 그 집에 거주하면서 안정적으로 매달 연금 형태의 수입을 얻을 수 있는 제도이다.

병고(病苦: 신체적인 고통)

　기계도 오래 사용하면 고장이 나듯이, 사람도 나이가 많아지면 생물학적 노화로 인하여 각종 질병에 노출되어서 건강에 문제가 발생하게 된다. 특히 노인들 중에는 만성적 질환 등으로 인하여 많은 의료비가 지출되어 생활에 고통을 겪는 경우가 많다.

　보험에 가입이 되어있거나 노후 대책을 잘 세워서 경제적으로 어려움이 없는 경우는 병원에 들어가는 비용에 부담을 적게 느끼지만 그렇지 못한 경우는 질병으로 인한 육체적인 고통보다는 오히려 병원비 걱정으로 인한 고통이 더 많다.

　노인들에게 가장 흔히 나타나는 질병 중의 하나가 고혈압이다. 우리나라 성인의 24%가 고혈압 약을 복용하는 것으로 발표하고 있지만 실제로는 그보다 더 많은 사람들이 고혈압에 노출되어 있다고 본다.

　고혈압으로 판정을 받으면 약물 복용과 함께 규칙적인 운동, 체중 조절, 소금 섭취 조절, 스트레스 해소, 술이나 담배, 커피 같은 기호 식품은 금하는 것이 좋다.

노인들에게 흔히 나타나는 질병으로는 고혈압과 함께 당뇨병을 들 수 있다. 당뇨는 크게 제1형 당뇨와 제2형 당뇨로 나눌 수 있는데, 이 중 제2형 당뇨는 우리나라 당뇨 환자의 90%에 해당된다. 제2형 당뇨는 제1형 당뇨에 비해 비교적 천천히 진행되며, 주로 나이가 들수록 그리고 비만도가 심할수록 발병하기 쉬우며, 초기 증상이 약하게 드러나는 편이므로 환자 스스로 자각하지 못하여 더욱 환자들이 늘어나고 있다. 그러므로 제2형 당뇨를 '노인성 당뇨'라고도 하며, 주로 60세 이상 장년층에게 발생하는 당뇨로써 식후 혈당 장애가 있는 경우를 말한다. 식후 혈당 장애는 식사 후 혈당이 관리가 되지 않아 140 이상 당수치가 치솟는 것을 뜻한다.

노인들의 당뇨병이 식후에 혈당 장애로 나타나는 원인으로는, 근육량 감소와 노화 진행, 췌장의 노화 등 크게 3가지로 보고 있다.

당뇨약을 복용하는 노인이 식사를 충실히 하지 않는다면 급격히 혈당이 떨어지는 저혈당이 발생할 염려가 있다. 노인의 저혈당이 위험한 이유는 뇌손상이 발생할 수 있기 때문이다.

당뇨병에 좋은 음식으로는 여주, 토마토, 시금치, 야채 등이다.

당뇨는 흔히들 '관리의 질병'이라고 하듯이 약물 복용과 함께 규칙적인 운동이 필수적이며, 올바른 식습관 형성도 매우 중요하다.

고혈압과 당뇨병 외 관절염. 디스크, 협착증, 심장 질환, 요통, 전립선 질환, 골다공증 등은 세계 모든 노인들이 공통적으로 겪고 있는 노인성 질병들이다.

늙음도 서러운데 병고까지 겹치니 그 심신의 고통은 이루 말할 수 없다. 늙어서 병이 들면 잘 회복도 되지 않는다. 건강은 젊어서 건강할 때 잘 관리하는 것이 최선의 방법이다.

3

고독고(孤獨苦: 소외와 고독감)

　노인들은 외롭고 가난하다. 이제는 대가족으로 살아가는 세대는 줄어들고 핵가족이 대세다. 보건복지부(2021)의 '노인 실태 조사'에 의하면 자식에게 의지하지 않고 홀로 사는 노인들이 120만 명이 넘었다고 한다. 그래서 노인이 되어도 인생을 함께 할 친구가 꼭 필요하다.

　인생을 살면서 친구는 젊었으나 늙었으나 돈, 건강, 배우자 못지않게 중요한 것이다. 젊었을 때는 수입이 있으므로 만나는 사람들과 식사도 하고 술도 한잔할 수 있으며, 여가 시간에 많은 사람들과 어울리기도 한다. 그러나 나이가 들고 수입이 줄어들거나 없어지면 사람들과 만나는 기회가 줄어들면서 자연히 집에 머무는 시간이 많아진다.

　가족 간의 세대 차이로 인하여 소통마저 단절되면 심한 우울감도 느끼게 된다. 그때의 고독감은 생각보다는 심각하다. 그것이 마음의 병이 되기도 한다.

　우리나라도 황혼 이혼율이 매년 늘어나고 있는 것도 사회적인 문제이다. 통계청의 '한국 노인들의 삶과 의식 변화 추세'에 의하면 2021년 고령자의 이혼율은 전년도 비하여 남자 13%, 여자 17%가 증가하였다고 발표하였다.

노인이 되면 우울감이 높아지며, 여자보다는 남자들이 우울감이 더 높다. 여자들은 자식들과 손주들과도 소통이 잘되지만 남자들은 소통에 어려움을 겪는 사람들이 의외로 많다. 그래서 남자들이 노후에 아내를 먼저 떠나보내고 혼자가 되면 심한 고독감을 느낀다. 삶 자체가 의미가 없어지며 고통스럽다.

한평생 살아온 부부도 죽을 때는 함께 죽을 수는 없다. 부부 중 누군가 한 사람이 먼저 죽게 되어 있다. 그러므로 나이가 많아지면 혼자 사는 연습을 사전에 해 두어야 한다. 특히 남자들은 세탁기나 청소기를 돌려보기도 하고, 전기밥솥에 코드를 꼽고 직접 밥도 해 보아야 한다.

잘 안될 때는 옆에 든든한 조력자가 있지 않은가?

이런 연습이 사전에 되어 있지 않은 남자들이 갑자기 혼자가 되면 과연 어떻게 할 것인가? 사람은 한치 앞을 모르고 살아가므로 이러한 지혜가 필요한 것이다.

집에서 혼자 시간을 많이 보내는 사람일수록 우울감이 높아지며, 불안과 우울 등이 높아질수록 치매와 같은 노인성 질병에 노출될 가능성도 높아진다. 치매로 판정을 받으면 회복은 어려워지며, 현대 의술이 많이 발달되어 있다고 해도 더 이상 진행이 되지 않도록 치료하는 정도이다.

고독은 전적으로 혼자의 힘과 노력으로 극복해야 한다. 가능한 집에서 머무는 시간을 줄이고 밖으로 나와서 활동을 해야 한다.

경로당에서 사람들과 교제도 하고, 노인복지관에서 프로그램에 참여하여 주위 사람들과 소통하는 것도 좋은 방법이다.

 '노인들은 지갑을 열 줄 알아야 된다'라는 말이 있다. 노인들이 자식들이 주는 용돈이나 기초 노령 연금을 받아서 아직도 저축을 하는 사람들이 있나요? 이제는 주위 사람들과 어울려서 먹고 싶은 음식도 사 먹고, 여행도 다니면서 지갑을 열 줄 아는 노인들의 모습이 모든 노인들이 꿈꾸는 삶이다. 노인들이 지갑을 열어야 국가 경제도 살아난다.

4

무위고(無爲苦: 역할 상실)

은퇴를 함으로써 사회적 역할이 상실되고 경제적인 능력도 상실됨으로써 노인들은 지위와 역할이 약화되어 있다. 몸도 건강하고 돈이 있어도 노인이 된 이후 할 일이 아무것도 없다면 이것 또한 얼마나 불행한 일인가?

사람이 나이가 들어서 자신이 할 수 있는 일이 아무것도 없다면 이것 또한 하나의 고문이다. 하루도 아니고 매일 이런 시간이 반복된다면 이것보다 더 힘든 것이 어디 있겠는가?

자식들은 대부분 나이 많은 부모가 일을 하겠다면 만류를 하고 쉬라고 한다. 자식 입장에서는 나이 많은 부모가 일을 한다면 짠하기도 하고, 주위 사람들 보기에도 민망하기 때문이다. 그러나 노인들이 일을 한다는 것은 돈을 버는 것도 의미가 있지만, 활동 그 자체가 운동도 되며 삶의 의욕도 되찾을 수 있기 때문이다.

노인들이 비록 나이는 많지만 할 수 있다는 일이 있다는 것은 살아있다는 증거이며, 삶의 축복인 것이다. 그리고 얼마간의 수입을 통하여 손주들에게 용돈이라도 줄 수 있다면 얼마나 마음이 뿌듯하겠는가?

　농촌에서 평생 일만 해 온 노인들도 마찬가지이다. 대부분 자식들은 이젠 일을 그만하고 쉬라고 권유한다. 그러나 일을 하지 않고 농촌에서 집에서 하루 종일 쉬고만 있다면 그 자체가 고문이다. 문제는 지금까지 지어 온 논밭을 모두 경작하려고 하니 그것이 문제이다. 실제로 거동조차 힘든 노인이 많은 농사를 짓고 있는 사람도 있다.

　노인들은 농사를 본업이라고 생각하지 말고 여가활동이라고 생각하고 본인들이 먹을 만큼만 조금 경작하는 지혜가 필요하다. 노인들이 농사를 경작할 때에는 농산물을 팔아서 수입을 올린다는 생각은 버려야 하며, 자식들에게 보낸다는 욕심도 버려야 하고, 오직 자신들이 먹을 수 있는 양만큼만 적당하게 경작하는 것이 중요하다. 그러므로 농사일을 노동한다는 개념보다는 여가 시간에 취미 생활을 한다는 개념으로 임한다면 노동의 고통에서도 벗어나고 삶의 의욕도 되찾을 수 있을 것으로 본다.

　우리가 살고 있는 삼척시에도 노인들에게 일자리를 많이 제공하고 있다. 노인들이 하루에 몇 시간씩 일을 하시는 분들은 아무런 일을 하지 않은 노인들에 비하여 삶의 만족도가 상당히 높은 것으로 알고 있다. 노인들의 삶의 만족도가 높은 것은 노인들이 각종 질병을 예방할 수 있는 요인이 되기도 한다.

　젊었을 때는 노후를 대비해서라도 여가 시간을 보낼 수 있는 기술과 방법들을 습득해 놓는 지혜도 중요하다. 장기, 바둑, 당구, 탁구 등은 젊었을 때 배워 놓으면 죽을 때까지 활용할 수 있는 것들이다. 나이가 많아서 돈도 있고 시간도 있는데 아무것도 할 수 있는 취미가 없다면 그것도 잘못된 삶이다.

6.
노인의 날

1

노인의 날

◆ **노인의 날 제정의 시작**

　1990대 들어 세계 여러 나라에서 평균 수명 증가로 인한 고령화 문제가 대두되면서, 지속 가능한 사회를 위한 제도적인 노인 대책이 요청되었다. 1990년 12월 오스트리아 비엔나에서 열린 제45차 국제연합 총회에서는 노인들의 참여 기회를 확대하고, 노인들의 복지를 향상하기 위한 계기로 삼기 위해 10월 1일을 '세계 노인의 날'로 제정하고, 이듬해인 1991년부터 기념하기 시작했다.

　한국에서는 1997년 '노인복지법' 및 '각종 기념일 등에 관한 규정' 개정과 함께 노인에 대한 사회적 관심과 공경의식을 높이기 위하여 10월 2일을 '노인의 날'로 제정하고, 매년 10월을 경로의 달로 지정했으며, 같은 해인 1997년 '제1회 노인의 날 기념식'을 가졌다. 국제연합이 정한 노인의 날인 10월 1일과 달리 10월 2일로 정한 까닭은 이미 한국에서는 10월 1일이 국군의 날로 지정되어 겹치기 때문이었다.

　노인의 날은 대한민국의 법정 기념일로 10월 2일로 제정되었지만 비 공휴일로 지정되어 있다.

　조선 시대만 보아도 70살이 넘은 원로 문신(문과 출신으로 벼슬을 한 정승)들을 위로하고 예우하려고 정기적으로 나라에서 베푼 잔치로 기로연(耆老宴)이란 것이 있었다. 정2품 벼슬을 지낸 문신을 위해 해마다 봄에는 음력 3월 상순의 4일이나 3월 3일에, 가을에는 중양절(음력 9월 9일)에 큰 잔치를 베풀었다고 한다.

◈ 제정 목적

　대한민국이 고령화 사회에 진입했고 초고령 사회를 앞두고 있는 가운데, 노인 문제가 사회 이슈로 떠오르면서 개인이 아닌 국가적인 문제로 대두되기 시작했다. 특히 대한민국 인구 구성 비율에서 가장 큰 부문을 차지하고 있는 베이비붐 세대(1946~1965년생)의 은퇴가 지속되면서 노인 부양 문제와 세대 간 갈등 문제에 대한 우려가 커지고 있는 상황이여서 이 기념일의 의미는 점차 커지고 있다. 100세를 넘긴 대한민국의 노인은 1만 3,588명인 것으로 나타났으며, 계속 증가하고 있다

　노인에 대한 사회적 인식을 높이기 위한 기념일을 제정하여, 전통 미풍양속인 경로효친 의식을 고양하고, 노인 문제에 대한 국가적 대책을 마련하며 범국민적 관심을 제고하기 위한 목적으로 제정되었다. 이날 기념식과 유공자 포상, 100세 어르신 청려장 증정 등의 행사가 진행된다.

◈ 노인의 날 행사

'노인의 날' 행사는 보건복지부 주관으로 기념식과 유공자 포상이 진행된다. 기념식에서는 100세에 이른 어르신에게 장수 지팡이인 청려장(靑藜杖)이 증정된다. 부대 행사로는 대한노인회 등 민간단체 주관으로 체육 대회, 위문 공연, 친선 경기 등이 펼쳐진다.

대한노인회 각 지회에서나 각 지역 향교 등에서도 노인들을 위한 각종 행사가 진행되고 있으며, 산하 각 경로당에서도 나름대로 각종 행사를 진행하고 있다. 그러나 노인의 날 행사가 노인들이 주관하는 노인들 자체 행사로만 진행되고 있다는 것이다. 언론에서도 무관심할 뿐만 아니라 젊은이들은 알지도 모르고 지나간다. 어린이날이나 어버이날은 많은 사람들에게 관심을 받는 것에 비하면 너무 초라한 느낌이다.

젊은이들도 언젠가는 부모가 되고 노인이 될 것인데 말이다.

◈ 노인 학대 예방의 날

'노인 학대'란 노인에 대하여 신체적, 정신적, 성적 폭력 및 경제적 착취 또는 가혹 행위를 하거나 방임하는 것을 말한다(노인복지법 제1조2 제4호).

'학대 행위자'라 함은 노인복지법 제39조의9(금지행위)에 해당되는 행위 및 그 외 학대 행위 사실이 의심되어 노인 보호 전문 기관에 신고·접수되어 학대 행위자로 판정된 자를 말한다.

보건복지부 통계 내용에 의하면 최근에 노인 학대가 늘어나고 있는데, 그 원인으로는 코로나19의 영향도 큰 것으로 보고 있다. 코로나 바이러스가 확산되면서 가정 내 체류 시간이 늘어남으로써 제한된 공간에서 오랫동안 함께 생활하고 보니 갈등이 늘어난 것으로 보고 있다.

노인의 학대 예방을 위해서는 먼저 가족 간의 신뢰를 회복하고 유지해야 한다. 부모와 자신 간에 서로 배려하면서 사랑이 지속되어야 한다. 부모들은 건강을 유지하기 위하여 최선의 노력을 해야 하며, 경제적인 능력도 유지하여 자식에게 짐이 되지 않도록 유의해야 한다. 재산의 상속 문제도 사전에 정리하여 부모와 자식 간에 갈등을 사전에 해소하는 것도 좋은 방법이다.

• 노인 학대 예방의 날 제정

2005년 통계청 자료에 의하면 한국은 2000년에 65세 이상의 인구 비율이 7.2%를 넘어섬으로써 이미 고령화 사회에 진입하였으며, 2017년에 노인 인구 14.2%를 기록하여 고령 사회에 진입하였다. 그리고 2026년을 전후하여 노인 인구가 20%를 넘어 초고령 사회에 진입할 것으로 예상하고 있다.

노인 인구의 증가는 한국뿐 아니라 전 세계적인 추세로, 국제연합(UN)은 노인의 인권 보장을 위해 1991년 총회에서 '노인을 위한 유엔 원칙'을 채택하여 정부 정책에 노인 관련 원칙을 반영할 것을 촉구했으며, 2002년 제2차 세계 고령화 회의에서는 '고령화에 관한 마드리드 국제행동 계획'을 발표했다.

이후 2006년에는 UN과 세계 노인 학대 방지 네트워크가 노인 학대의 예방 및 관심을 촉구하기 위하여 매년 6월 15일을 '세계 노인 학대 인식의 날'로 정했다. 한국에서는 2015년 '노인복지법'을 개정하여 노인 학대 예방 및 조기 발견에 대한 국민적 관심을 높이기 위해 매년 6월 15일을 '노인 학대 예방의 날'로 지정했으며, 2017년에 '제1회 노인 학대 예방의 날' 행사를 개최했다. 노인 학대 예방의 날은 법정 기념일로 제정되어 있지만 비 공휴일이다.

• 노인 학대 예방의 날 제정 목적

 범국민적으로 노인 학대에 대한 인식을 높이고 관심을 유도하기 위해 제정된 날이며 매년 6월 15일이다. 2006년 국제연합에서 노인 학대의 예방 및 관심을 촉구하기 위하여 매년 6월 15일을 '세계 노인 학대 인식의 날'로 정한 이후, 2015년 '노인복지법'을 개정하여 노인 학대에 대한 국민적 관심을 높이기 위해 매년 6월 15일을 '노인 학대 예방의 날'로 지정했다.

 이후 2017년 보건복지부 및 관련 부처 주관으로 제1회 노인 학대 예방의 날 기념행사를 개최했다. 통계청의 '한국 노인들의 삶과 의식 변화 추세'에 의하면 2021년 노인들의 학대 피해는 10만 명 당 79명으로 전 년 대비 2.2명 증가한 것으로 발표하였다.

• 노인 학대 예방의 날 행사

 '노인 학대 예방의 날'은 보건복지부 및 관련 부처의 주관으로 기념식이 진행되며, 노인 인권 관련 유공자에 대한 정부 포상을 수여한다. 또한 노인 학대 사례 발표, 사진전 등을 진행한다.

 매년 세계 노인 학대 인식의 날에는 전 세계 많은 나라들이 캠페인과 세미나 등 행사를 진행한다.

 노인 학대의 범주에는 신체적·정서적·언어적 학대뿐만 아니라 유기·방임으로 인한 소외도 포함된다. 우리나라에서는 보건복지부와 중앙 노인 보호 전문 기관이 '노인 학대 예방 캠페인' 등을 실시하는 등 노인 학대에 대한 사회적 관심을 촉구하고 노인에 대한 부당한 처우 개선과 예방을 위해 노력하고 있다.

• 노인 학대의 원인과 종류

노인 학대의 원인으로는 가해자의 성격적 특성과 정서적 장애, 알코올 중독, 장애나 질병, 치매 등의 문제로 인하여 발생하며, 경제적 원인으로는 가정의 경제적 문제, 가족 간의 불화, 재산상속 문제, 부모 부양 문제 등으로 대부분 발생하고 있다.

특히 무능하고 신체적으로나 정신적으로 건강하지 못한 노인들은 부양자에게 의존도가 높아지는데, 부양에 대한 고충과 과중한 의료 비용의 부담 등으로 인하여 가족 간의 갈등이 발생하는데 이러한 원인이 노인 학대로 이어지는 경우가 많다.

노인 학대의 종류로는 신체적으로나 정서적, 정신적, 성적, 경제적인 문제 등으로 인하여 가혹 행위를 하거나 유기 또는 방임하는 것을 말한다.

중앙노인보호전문기관의 조사(2021년)에 의하면 여성 노인의 비율이 남성 노인에 비해 두 배 이상 높게 나타나고 있다. 이는 여성 노인이 신체적, 경제적으로 약자인 경우가 많아 학대에 노출될 위험이 높다고 볼 수 있다.

가해자로는 배우자가 가장 높게 나타났으며, 그 다음으로는 아들에 의해 발생한다고 하였다.

학대 발생 장소로는 가정 내에서 가장 많이 발생하며, 그 다음으로는 노인 주거 시설로 나타났다.

「학대 피해 노인 학대 발생 장소」

구분	가정 내	생활시설		이용시설		병원	공공 장소	기타	계
		노인 주거	노인 의료	노인 여가	재가 노인				
건수	5,962	497	39	1	86	62	54	73	6,774

<중앙노인보호전문기관(2021)>

　노인 학대 사례 유형별로는 정서적 학대가 가장 높게 나타났으며, 그 다음으로는 신체적 학대 순으로 나타났다.

「노인 학대 유형」

구분	신체적	정서적	성적	경제적	방임	자기 방임	유기	계
건수	4,390	4,627	260	406	691	204	46	10,624

<중앙노인보호전문기관(2021)>

　노인 학대의 종류로는,

① 신체적 학대

　신체적 학대는 물리적으로 힘이나 도구를 이용하여 노인에게 신체적 혹은 정신적 손상과 고통을 유발시키는 행위를 말한다.
　- 주먹으로 때리거나 밀쳐서 넘어뜨리는 행위
　- 침대 등에서 묶어 움직이지 못하게 하는 행위
　- 집 밖으로 나가지 못하게 하거나 들어오지 못하게 하는 행위
　- 칼 등의 흉기로 위협을 가하는 행위
　- 불필요한 약물을 강제로 먹이는 행위
　- 강제로 일이나 노동을 강요하는 행위

② 정서적 학대

　정서적 학대는 비난, 모욕, 위협, 협박 등의 언어 빛 비언어적 행위을 통하여 정서적으로 고통을 주는 행위를 말한다.
　- 고함을 지르거나 욕설을 하는 행위
　- 말이나 행동을 통해 무시하는 행위
　- 이성 교제나 사회 활동을 강제로 못하게 하는 행위
　- 가족 간의 중요한 결정에 참여를 못하게 하는 행위

③ 성적 학대

　성적 수치심을 유발하는 행위나 성폭력 등 노인의 의사에 반하여 강제적으로 행하는 모든 성적 행위를 말한다.
　- 상대방이 싫어하는데도 강제로 몸을 만지거나 성관계를 요구하는 행위
　- 성적 수치심을 주는 성적인 농담이나 희롱 등
　- 사람들이 보고 있는데도 성적 부위를 드러내 놓는 행위

④ 경제적 학대

　노인의 의사에 반하여 노인으로부터 재산 또는 권리를 빼앗는 행위를 말한다.
　- 허락 없이 재산을 가로채는 행위
　- 허락 없이 인감을 사용하여 피해를 주는 행위
　- 자신의 돈을 마음대로 사용하지 못하도록 가로막는 행위

⑤ 방임

부양 의무자가 책임감이나 의무를 거부하거나 불이행, 포기하는 행위를 말한다.

- 거동이 불편한 노인에게 돌봄을 제공하지 않는 행위
- 생활비가 없는 부모에게 경제적 도움을 주지 않는 행위
- 의료적 치료가 필요한 부모를 방치하는 행위
- 자신을 자해하거나 돌봄을 거부하여 생명의 위협에 직면한 행위

⑥ 유기

보호자 또는 부양 의무자가 노인을 버리는 행위를 말한다.

- 연락을 두절하고 왕래조차 하지 않는 행위
- 시설이나 병원에 입원시키고 연락을 두절하는 경우
- 낯선 장소에 버리는 행위 등이다.

• **노인 학대 신고 방법**

노인 학대는 범죄 행위이다.

누구든지 노인 학대를 발견하게 되면 중앙노인보호전문기관(1577-1389)이나 수사기관(112)에 신고할 수 있도록 노인복지법에 명시되어 있다.

노인 학대는 노인의 생명과 안전을 위협하는 문제라는 점에서 매우 중요한 사회 문제이다.

여기서 말하는 노인 학대는 60세 이상의 노인에게 가족, 친지, 배우자, 성인 자녀 등 가족 구성원이 의도적으로 노인의 기본적

인 생활권을 침해하거나 위협하는 행동을 말한다. 여기에는 신체적, 심리적 학대뿐만 아니라 재정적 착취, 방임, 유기, 언어 학대 등도 포함된다.

서울특별시의회 보건복지부에서 발표한 '2021 노인 학대 현황 보고서'에 따르면 전국 37개 지역 노인 보호 기간을 통하여 신고한 노인 학대 건수는 19,391건이며, 이 중 학대 사례로 판정된 건수는 6,774명(34.9%)로 전년 대비 8.2% 증가하였다.

노인 학대가 발생한 장소로는 가정 내에서 학대가 88%로 가장 많았으며, 생활 시설(7.9%)과 이용 시설(1.3%) 등으로 나타났는데, 피해 노인의 76%가 여성 노인인 것으로 나타났다. 학대 행위자는 배우자(29.1%)가 가장 높게 나타나고 있으며 아들(27.2%), 기관(25.8%), 딸(7.4%) 등으로 각각 나타났다. 학대 유형은 정서적 학대가 43.6%로 가장 높게 나타났으며, 신체적 학대(41.3%), 방임(6.5%), 경제적 학대(3.8%), 성적 학대(2.4%) 등으로 각각 나타났다.

아동 학대를 발견하면 신고해야 하듯이 노인 학대를 발견하면 누구든지 노인보호전문기관 또는 수사 기관에 신고하여야 한다. 특히 노인복지법에 따르면 노인 복지 시설 종사자, 상담원, 의료인 등 노인 관련 직무 수행자들은 신고 의무자로 규정되어 있는데, 신고 의무자는 노인 학대를 인지했음에도 불구하고 신고하지 않을 경우 500만 원 이하의 과태료가 부과된다.

노인 학대를 목격했지만 자신의 신분이 노출되어 개인적인 불이익이 생기진 않을까 하는 불안감에 신고를 꺼려 할 수도 있다. 그러나 노인복지법에 따라, 신고인의 신분이 노출되지 않도록 보호하고 있으며 신고인의 신변을 노출한 당사자는 1년 이하의 징

역 또는 1천만 원 이하의 벌금에 처해진다.

노인 학대를 목격하셨다면 반드시 신고해 주어야 한다.

서울시의회에서는 노인 학대 예방은 물론, 학대 피해를 받은 노인 지원과 노인의 인권 보장 등을 위해 2020년 '서울특별시 노인 학대 예방 및 학대 피해 노인 지원에 관한 조례'를 제정하였다.

'서울특별시 노인 학대 예방 및 학대 피해 노인 지원에 관한 조례'에는 학대 피해 노인의 의사 결정 지원부터 노인 인권 교육, 노인 인권 모니터링을 통한 관련 정책 반영, 관계 기관 간 협력체계 구축 등의 내용이 담겨 있다.

'서울특별시 노인 학대 예방 및 학대 피해 노인 지원에 관한 조례'는 노인 학대 예방 및 학대 피해 노인 지원 사항에 관하여 다른 조례에 우선하여 적용한다.

노인 학대 예방을 위해서는 노인의 신체적·정서적으로 홀로 방치되지 않도록 지속적, 장기적으로 관심 갖는 일이 무엇보다 중요하다.

7.
장수로 가는 길

　사람은 누구나 오래 살고 싶어 한다. 그렇지만 누구나 때가 되면 영원히 되돌아 올 수 없는 길을 가야만 한다. 누구나 똑같은 바람은 건강하게 오래 살 수 있기를 원한다. 거동도 못하면서 장수한다는 것은 본인도 고통스러운 일이지만 돌보는 가족들도 너무 힘든 일이다.

　'긴 병에 효자 없다'는 말이 있듯이 건강은 건강할 때 잘 관리하여 건강한 모습으로 장수할 수 있어야 장수한 의미가 있다.

　일반적으로 '성공한 사람'이라고 하면 많은 부와 명예를 얻은 사람을 말한다. 그러나 사람이 살아가면서 필요한 복은 부와 명예만을 논하지는 않는다. 중국 유교의 5대 경전 중 하나인 서경(書經)에서 말하는 오복(五福)이란

　첫째로, 수(壽)로써 천수를 모두 누리다가 죽음을 맞이하는 장수의 복을 누린사람을 말한다.

　둘째는, 부(富)로써 살아가는데 어려움을 겪지 않을 만큼의 경제적인 부를 누린 사람을 말한다.

　셋째는, 강령(康寧)으로서 몸과 마음이 건강하고 깨끗하게 살다가 죽음을 맞이하는 사람을 말한다.

　네 번째는, 유호덕(攸好德)으로서 남에게 많은 것을 베풀면서 선행과 덕을 쌓은 사람을 말한다.

　다섯 번째로, 고명종(考命終)으로 일생을 건강하게 살다가 자신의 천수(天壽)를 다 누리고 고통 없이 평안하게 생을 마감하는 사람을 말한다.

　내 개인적으로 하나 더 첨부하면 여섯째, 자손다중(子孫多

衆)이다. 즉, 많은 자손을 두는 것인데, 이것이 국가와 민족을 살리는 길이고 사람으로 태어나서 당연히 해야 할 의무와 도리가 아니겠는가?

'아무리 부와 명예를 누렸든들 자식 하나 없으면 누가 그 사람을 복된 인생이라고 말하겠는가?'

위와 같은 복을 누리면서 백세까지 장수하는 사람이 될 수 있기를 기원해 본다.

장수를 위해 실천해야 할 행동

◈ **잘 먹어야 한다.**

식사는 아침, 점심, 저녁 끼니를 거르지 않고 가능한 비슷한 시간대에 일정하게 먹는다.

맛있다고 과식하지 말고, 밥맛이 없다고 끼니를 거르지 말고, 소식(小食)으로 맛있게 먹어야 한다. 못 먹으면 죽고, 잘 먹으면 오래살 수 있다.

◈ **많이 움직여야 한다.**

노인들은 '들어누우면 죽고, 움직이면 산다'라는 말이 있듯이, 집에 혼자 머무르는 시간을 최대한 줄이고 많이 움직이는 것이 좋다. 노인들은 많이 걷는 것이 가장 좋은 운동이다.

노인복지관이나 경로당에 가서 회원들과 교제도 하고 소통도 한다.

◈ 잘 자야 한다.

　가능한 잠자리는 변경하지 않은 것이 좋으며, 잠자는 시간도 일정하게 갖는 것이 좋다.
　7시간 이상 충분히 수면 시간을 유지한다.
　저녁에는 자극적인 음식이나 카페인 등이 들어있는 음식은 멀리한다.

◈ 부족한 잠은 낮잠으로 채우기

　노인이 되면 대부분 숙면을 취하지 못하고 불면증으로 고통 받는 사람들도 많다.
　저녁에 불면증으로 충분한 숙면을 취하지 못한 노인들은, 최근의 연구에 의하면 1시간 이내로 짧게 낮잠을 자는 것이 건강에 도움이 된다고 한다. 수면 부족이 계속 누적되면 뇌가 피로하여 치매에 노출될 수도 있기 때문이다. 부족한 수면을 수면제로 의존한다는 것은 위험한 일이다.

◈ 잘 배출하기

　먹은 음식은 필요한 에너지를 확보하고 불필요한 노폐물은 배설하게 된다. 과식으로 인하여 많은 양의 에너지가 몸속에 계속 축적되면 결국은 비만이 된다. 먹은 것만큼 배출하는 것이 원칙이다. 먹은 음식은 운동을 통하여 잘 소화시키고 잘 배출해야 한다.
　정기적으로 쾌변을 하지 못해도 문제이며, 변비가 있어도 문제이다.

◈ 베풀며 봉사하기

아직까지도 저축하면서 재산을 불리려고 노력하는 노인이 있나요?

젊었을 때 열심히 일했으니 이제는 지갑을 열어야 한다. 베푸는 것은 돈이 많은 사람만 하는 것이 아니다. 친구를 만나서 밥이라도 먹으면 항상 내가 먼저 지갑을 열려고 마음을 먹어야 한다. 그래야 친구들이 좋아하며 같이 있고 싶어 한다. 봉사할 일이 생기면 내가 먼저 앞장서서 하려고 나서야 한다. 봉사할 때의 즐거움은 일하고 돈버는 것보다 더 보람 있고 즐겁다.

◈ 항상 기뻐하고 감사하기

성경에도 '항상 기뻐하고 범사에 감사하라(살전 5:16~18)'라고 했듯이 항상 즐거운 마음을 갖고 평범한 일에도 감사할 줄 알게 되면 긍정적인 사람이 될 수 있다. 전광 목사님의 '평생감사'라는 책에 좋은 글이 있기에 함께 공유하고자 한다.

오래 전에 한 마을에 두 이웃이 살고 있었는데, 한 집은 항상 감사가 넘치는 집이고, 한 집은 늘 불평이 가득한 집이었다.

불평 집 부부는 봄부터 겨울까지 무엇이든지 불평과 불만이 쉬지 않았다. 봄에는 바람이 많이 불고 황사 때문에 그리고 미세 먼지가 많다고 불평하며, 여름에는 너무 덥고 모기가 많다고 불평했고, 가을에는 나뭇잎이 떨어져 지저분하다고 불평했으며, 겨울에는 눈이 많이 오고 춥다고 불평했다. 그러나 감사 집 부부는 봄에는 나뭇가지가 파릇파릇 솟아나고 꽃이 핌에 감사했고, 여름에는 시원한 나무그늘과 풍성한 과일을 먹을 수 있음에 감사했으며, 가을에는 단풍의 아름다움과 결실을 앞둔 농작물에 감사했으며, 겨울에는 나뭇가지에 하얗게 쌓인 눈꽃에 감사했다.

감사와 불평은 습관이다. 감사하는 사람은 항상 감사하여 감사할 제목이 너무 많으나, 불평하는 사람은 늘 불평하며, 불평할 제목이 너무 많다. 똑같은 장미꽃을 바라볼 때도 불평하는 사람의 눈에는 장미꽃은 보이지 않고 가시만 보이며, 감사하는 사람의 눈에는 장미꽃의 가시는 보이지 않고, 예쁜 장미꽃만 보인다. 따라서 감사가 넘치는 사람의 얼굴빛은 평안하지만, 불평하는 사람들의 표정은 늘 어둡고 짜증스럽다.

◈ 남을 잘 배려하기

우리가 잘 알고 있는 소와 사자의 이야기에서 우리는 많은 교훈을 얻을 수 있다. 나 자신은 얼마나 주위 사람들을 배려하고 살고 있는지?

소와 사자가 있었습니다. 둘은 죽도록 사랑했습니다. 둘은 결혼해서 살게 되었습니다. 둘은 최선을 다하기로 약속했습니다. 소는 최선을 다해서 맛있는 풀을 날마다 사자에게 대접했습니다. 사자는 싫었지만 참았습니다. 사자도 최선을 다해서 맛있는 살코기를 날마다 소에게 대접했습니다. 소도 괴로웠지만 참았습니다. 참을성은 한계가 있습니다. 둘은 마주앉아 이야기합니다. 소와 사자는 다툽니다. 끝내 헤어지고 맙니다.

헤어지고, 서로에게 한 말. '난 최선을 다 했어'였습니다.

소는 소의 눈으로만 세상을 보고. 사자는 사자의 눈으로만 세상을 보면서 그들의 세상은 혼자 사는 무인도와 같은 세상입니다.

소의 세상, 사자의 세상일뿐입니다.

　나 위주로 생각하는 최선. 상대를 못 보는 최선. 상대를 배려하지 못하는 최선. 그 최선은 최선일수록 죄악을 낳고 맙니다.

◈ 활발한 사회적 교류

　노인들도 친구나 가족, 종교 단체 그리고 지역 사회 사람들과의 교류를 통하여 사회적 교류를 활발하게 하는 것이 장수에 도움이 된다. 미국의 공공과학관 의학지에 실린 연구에 의하면 사회적 관계를 활발히 하는 사람은 생존율을 50% 이상 높인다고 보고하였다.

◈ 진정한 친구 갖기

　어떤 사람이 말하기로, 마음을 터놓고 이야기 할 수 있는 진정한 친구가 3명이 있다면 세상의 그 어떤 것도 부럽지 않다고 하였다.
　사람이 살다보면 배우자에게도 말할 수 없는 말이 있고, 자식에게도 말 못할 이야기가 있는데, 친구에게는 자신의 속마음을 털어놓고 이야기를 할 수도 있다. 진정한 친구는 친구를 위하여 모든 것을 희생할 수 있는 친구가 진정한 친구이다.
　애들도 사춘기가 지나면 부모보다는 친구를 더 가까이 하려고 한다.
　부모들 입장에서는 서운하지만 이것은 지극히 정상이다. 친구를 사귀다 보면 이성 친구도 만나게 되는데, 여기서 사랑이 싹트고 결혼하여 독립하는 것이 사람 사는 순리가 아닌가?

◆ 결혼하기

옛날에는 결혼이 필수였지만, 요즘은 선택이 된 것 같다.

연구에 의하면 기혼자는 독신자보다 더 오래 산다고 한다. 결혼이 제공하는 사회적·경제적 지원 때문이라고 전문가들은 추정한다. 심지어 이혼과 사별로 현재 배우자가 없이 혼자 살고 있는 사람도 결혼을 한 번도 하지 않은 사람보다는 사망률이 훨씬 낮게 나타난다고 하였다. 결혼을 하지 않고 평생 독신으로 사는 여성이 유방암과 자궁암 발생률이 더 높다는 연구 결과도 있다.

◆ 술과 담배를 멀리하기

술은 일주일에 두세 번 3잔 이내로 하는 것은 건강에 좋다고 한다. 그러나 알맞게 먹는다는 것이 조절이 안 되는 사람이 많다. 술도 과음을 하게 되면 본인의 건강에도 문제가 발생하지만 술로 인하여 가족들에게도 정신적으로나 경제적으로 피해를 주게 된다.

담배는 백해무익(百害無益)하다. 담배를 피우게 되면 니코틴이 면역력을 방해하여 다른 병의 근원이 된다. 흡연자에 의한 간접흡연자는 흡연자와 같은 피해를 입게 된다.

◆ 질병은 사전에 예방하기

노인이 되면 심신이 허약하고 면역력이 약하여 질병에 쉽게 노출된다. 젊은이들은 질병에 걸려도 쉽게 완쾌되지만 노인들은 회복하는 데도 어려움이 많다. 노인들은 건강할 때 건강을 지켜야 한다. 그리고 정기 검진을 빠짐없이 받아야 한다. 그리하여 질병은 사전에 예방하는 것이 최선의 방법이다.

◈ 몸은 따뜻하게, 머리는 시원하게

 질병과 노화란 몸이 식어가는 과정에서 나타나는 자연 현상이다. 환자들과 노인들은 뱃속이 차갑다. 몸이 따뜻하면 살고 차가워지면 병들고 죽게 된다. 몸이 따뜻하면 몸의 순환이 잘 되어서 건강을 유지하고 머리가 차가워져서 마음이 차분하고 정신이 맑아진다.

 따뜻한 음식은 위장에서 소화시키기가 쉽지만, 차가운 음식은 위장에 들어오면 위장은 차가운 음식을 위장의 따뜻한 기운으로 데워서 소화를 시켜야 하므로 많은 에너지가 소모된다. 특히 노인들은 야채도 생으로 먹는 것보다는 살짝 데쳐서 반찬으로 먹는 것이 더 좋다.

 몸을 따뜻하게 하려면 따뜻한 음식이나 따뜻한 물을 먹고, 일과 운동을 열심히 하여 땀을 흘리는 것이 가장 좋다. 그리고 목욕을 할 때도 따뜻한 물로 목욕을 하고 잠자리도 따뜻하게 해 주는 것이 좋은 방법이다.

◈ 노후 준비보다는 사후 준비를

 노인이 되면 언제 어떻게 될지를 장담할 수가 없다. 설령 내일 잘못되더라도 편안히 갈 수 있는 준비가 되어 있으면 마음이 편안해진다.

 청년기는 반복하고 싶은 세월이나 노년기는 거부하고 싶은 세월이다. 찬란했던 젊은 시절을 지켜낼 장사는 없고, 초라하다고 한탄한들 늙음을 막아낼 용사는 없다.

 세월은 총알 같이 지나가고, 쏜 화살처럼 빨리 날아간다. 그동안 인생이라는 무대 위에서 부모님의 아들로 태어나 눈 깜빡할 사이에 장인, 장모님의 사위가 되었고, 아들과 딸에게는 아버지가 되었으며, 세월은 어느덧 흘러서 손자, 손녀에게는 할아버지라는 이름으로 살아가고 있다.

　몸이란 늙으면 쇠약해지고 몸은 걸어다니는 약국이 되어서 생로병사의 길로 걸어가게 된다. 죽음도 인생의 한 부분이니까 우리는 기꺼이 수용하고 받아들여야 한다.

　사후 문제들은 사전에 자녀들과 충분히 교감해 놓아야 하며, 사후 문제 중 특히 재산 상속 문제는 명확히 해 놓는 것이 좋다. 그 외 편안하게 임종을 맞이하려면 종교를 갖는 것도 좋은 방법이다. 사후 준비가 되어 있는 사람이라면 죽음이 두렵지 않으므로 죽음으로 인한 불안이나 두려움은 줄어들 것이다.

2

장수 비결의 생활 습관은?

　장수하는 마을의 공통점은 주위에 산과 강이 있다는 사실이다. 산과 강이 가까이 있다는 것은 공기와 물이 맑으며 한적한 시골이므로 삶이 여유로우며 복잡하지 않다는 공통점도 있다.

　미국의 내과 전문의 사브리나 펠슨은 2022년 '장수 비결 18가지'를 미국 의학 정보 사이트에 게재했는데 많은 사람에게 공감을 불러일으켰다.

　과연 이러한 조건에 나는 얼마나 해당이 되는가?

　거의 다 해당이 된다면 일단 장수할 수 있는 여건은 마련이 되어 있다고 볼 수 있다.

◈ 아침에 눈을 뜨면 스트레칭하기

　노인이 되면 관절에 연골이 닳아서 몸이 유연하지 못하게 되는데 심할 경우 허리가 굽기도 해진다. 밤에 숙면을 취하고 아침에 눈을 뜨면 관절이 늘어나 있는 상태이므로 이때 스트레칭을 해주면 몸의 유연성을 향상시킬 수 있다. 침대 위에서 하는 동작이므로 부드럽고 가벼운 동작으로 매일 5분 정도만 실시해도 허리가 굽을 일은 없어진다.

◈ 양심적으로 살기

　오래 사는 사람들의 공통점은 '양심적인 사람'이다. 즉 세심한 부분에 신경 쓰고 신중하게 생각하며 옳은 일을 실천하면서 양심적으로 살아가는 사람들이 결국 오래 산다는 것이다. 남을 속이고 부정하면서 부자가 되어도 그들의 노후는 결코 행복하지 못하는 경우가 많다.

◆ 현명하게 친구 선택하기

친구의 습관은 나에게도 영향을 미친다. 따라서 건강한 생각과 생활 방식을 가진 친구를 선택해야 내 자신도 생활 방식이 건전하고 건강하게 살 수 있다. 술 좋아하는 친구를 사귀면 나도 술을 좋아하게 되고, 흡연을 하는 친구를 사귀면 나도 모르게 흡연을 하게 된다.

친구를 잘못 만나서 인생을 망치는 사람들도 얼마나 많은가?

◆ 금연하기

흡연은 질병의 근원이 되어 수명을 단축시킨다는 사실은 누구나 잘 알고 있다. 50년 동안 진행된 영국 연구에 따르면 30세에 금연하면 수명 10년 연장을 보상받을 수 있고, 40세, 50세 또는 60세에 흡연 습관을 버리면 수명이 각각 9년, 6년, 3년씩 연장된다고 한다.

◆ 낮잠 자기

낮잠이 장수에 도움이 된다는 의학적 증거가 있다. 2만 4,000명을 대상으로 한 최근 연구 결과에서 규칙적으로 낮잠을 자는 사람은 전혀 낮잠을 자지 않는 사람보다 심장병으로 사망할 가능성이 37% 낮아진다는 결과가 나왔다. 연구진은 낮잠이 스트레스 호르몬을 줄여 심장을 보호하는 것으로 추정한다.

◈ 지중해식으로 먹가

지중해 식단에는 과일, 채소, 전체 곡물, 올리브 오일, 생선이 푸짐하다. 이런 식단은 대사 증후군 위험을 크게 낮춘다.

◈ 오키나와 사람처럼 먹기

일본 오키나와 사람은 한때 지구상의 어떤 사람보다 오래 살았다. 그 비밀 중 하나는 그들의 전통적인 식습관에 있다. 매일 녹색과 노란색 채소를 먹고 열량이 낮은 음식을 섭취한다. 게다가 접시에 담긴 음식의 80%만 먹는 습관을 지녔다. 이 식습관을 버린 젊은 오키나와 사람은 예전만큼 오래 살지 못하고 있다.

◈ 체중 줄이기

자신이 과체중이라면 체중부터 줄여야 한다. 체중 감량은 당뇨병과 심장병 등 수명을 단축하는 요인을 방어하는 좋은 수단이다. 특히 뱃살(내장 비만)을 빼야 한다. 이를 위해 지방 섭취를 줄이고 더 많은 섬유질을 섭취하며, 규칙적으로 운동을 해야 한다.

◈ 꾸준히 움직이기

운동하는 사람은 그렇지 않은 사람보다 평균적으로 더 오래 산다. 규칙적인 신체 활동은 심장병, 뇌졸중, 당뇨병, 일부 암, 우울증에 걸릴 확률을 낮춘다. 노년까지 정신을 또렷이 유지하는 데도 도움을 준다.

◈ 적당히 음주하기

　심장병은 술을 전혀 마시지 않는 사람보다 적당히 마시는 사람이 더 유익하다고 한다. 그래도 과음은 혈압을 높이고 수많은 건강 문제를 일으킨다. 술을 마시더라도 남자는 하루 1~2잔, 여자는 1잔으로 끝내야 한다.

◈ 신앙 생활하기

　종교 행사에 참석하는 사람은 그렇지 않은 사람보다 더 오래 산다. 65세 이상 노인을 12년간 추적한 연구를 통해, 일주일에 한 번 이상 종교 행사에 참석한 사람은 그렇지 않은 사람보다 주요 면역 체계 수치가 더 높았다고 한다. 함께 종교 행사에 참석하는 사람들과 맺어진 사회적 관계도 건강 향상에 도움이 된다.

◈ 용서하기

　만성 분노는 심장병, 뇌졸중, 폐 건강 악화 및 기타 건강상 문제와 관련이 있다. 용서는 불안을 줄이고 혈압을 낮추며 더 쉽게 호흡하도록 도와준다. 나이가 들수록 이 같은 효과는 더 커진다.

◈ 안전 장비 사용하기

　안전 장비를 착용하는 것은 사고로 인한 단명을 예방해 준다. 안전벨트 착용은 자동차 사고로 사망할 확률을 50%까지 줄인다. 자전거와 오토바이 사고로 인한 사망자 대부분은 머리 부상으로 인해 발생하므로 항상 헬멧을 착용해야 한다. 1년에 사고로 인하여 사망하는 사람들이 얼마나 많은가? 불가피한 사고는 어찔 수 없겠지만, 안전사고를 사전에 예방하기 위해서는 최선을 다 해야 한다.

◆ 수면 시간 확보하기

충분히 자면 비만·당뇨병·심장병 및 기분 장애의 위험을 낮출 수 있으며, 질병에서 더 빨리 회복하는 데도 도움이 된다. 하루에 5시간 미만을 자는 사람은 일찍 사망할 가능성이 높으므로 수면 시간을 최우선으로 확보해야 오래 산다.

◆ 스트레스 관리하기

스트레스를 피할 수는 없지만 스트레스를 제어하는 방법을 배울 순 있다. 매사를 긍정적으로 생각하고 양보하고, 먼저 베풀고 배려하면 스트레스가 줄어든다.

◆ 목적의식 갖기

취미 생활과 신체 활동으로 수명을 연장할 수 있다.

일본의 연구 결과에 의하면, 목적의식이 강한 남자는 그렇지 않은 남자보다 뇌졸중과 심장병 또는 기타 원인으로 사망할 가능성이 더 낮은 것으로 나타났다. 자신이 하는 일이 무엇인지, 왜 하는지를 명확하게 알면 알츠하이머병에 걸릴 확률도 낮아진다.

3

세계 5대 장수마을 사람들의 공통점

세계에서 평균 수명이 가장 높은 국가의 지역으로는 그리스 이카리아섬, 이탈리아의 사르디나, 일본 오키나와섬, 미국의 캘리포니아주 로마린다, 코스타리카의 니코야반도 등으로 꼽고 있다. 이곳에 사는 사람들의 생활 습관이나 식습관들에 공통점이 많다는 것을 우리는 주목할 필요가 있다.

◈ **채식 위주의 소식(小食)을 한다.**

육류 섭취량이 적으며 95%가 식물성 재료로 섭취한다. 육류 대신 멸치, 정어리, 대구와 같은 생선과 계란 등 식물성 단백질을 많이 섭취하고 있다. 또한 콩류나 통곡물, 견과류 등도 많이 섭취한다.

◈ **사회적 교류가 활발하다.**

다른 사람들과 많이 교류하면서 시간을 보낸다.
친척들까지 모여 사는 경우가 많고 이웃집들과도 가깝게 지낸다.

◈ **많은 활동을 한다.**

　많이 걷고 활발하게 움직인다. 일상생활 속에서 정원 가꾸기, 농장일, 걷기, 요리하기, 집안일 등으로 많이 움직인다.

◈ **스트레스를 많이 받지 않는다.**

　스트레스는 모든 병의 근원이다. 긍정적인 생각은 스트레스 수치를 낮추고 면역력 강화에 도움을 준다. 이곳 사람들은 스트레스에서 벗어날 수 있는 여건과 환경에서 살고 있다.

　결국 이곳에서 살고 있는 사람들의 공통점은 야채 위주의 식단으로 소식하며 부지런히 몸을 움직이고 그리고 낙천적으로 살고 있음을 알 수가 있다.

4

젊게 살고 있는 노인들의 공통점

노인이 되어서도 젊음을 유지하면서 살 수 있다는 것은 노인들의 꿈이요, 희망 사항이다. 그런데 젊음을 유지하면서 살고 있는 노인들에게는 공통점이 있다는 것을 발견하게 된다. 그러면 그들이 가지고 있는 공통점을 실천하면 우리들도 젊게 살 수 있을까?

분명한 사실은 젊음을 유지하면서 살아가고 있는 노인들은 젊음이 저절로 주어진 것이 아니며 본인들의 부단한 노력에 의하여 이루어지고 있음을 우리들은 주목할 필요가 있다.

아래 내용들은 많은 사람들에게 공감을 줄 수 있는 교훈이므로 우리 모두가 깊이 숙지하고 실행하는데 중요한 지침이 될 것 같다.

◆ 사고방식이 긍정적이며 정직하다.

자신이 노인임을 긍정적으로 받아들이고 있으며, 노인으로서 자기의 처지나 위치에 대해서도 현실적으로 이를 정직하게 받아들이고 있다.

◆ 과도한 욕심이 없다.

그들은 자유롭고 활기차며 그 무엇에도 집착하거나 얽매이지 않는다. 그만큼 그들은 큰 자제력을 가지고 있는데, 이미 그들은 상당한 내공이 있었기에 가능한 일이기도 하다.

◆ 기본적으로 경제에서 독립적인 사람들이다.

그들이 가지고 있는 단단한 자신감과 모든 일에서 당당할 수 있다는 것은 현재 경제적으로 어려움을 겪고 있지 않다는 것이다. 이들은 노후 준비를 위해 젊었을 때 열심히 일한 결과이다.

◆ 남을 먼저 배려하고 이해하는 마음을 가지고 있다.

독불장군이 아니라 그들은 그만큼 마음에 여유가 있다는 뜻이다. 남을 배려한다는 것은 마음만이 아닌 지갑도 열 줄 아는 사람이다.

◈ **자기의 정체성과 가치관을 가지고 있다.**

그만큼 정신적으로 건강하여 주관이 뚜렷하고 객관적이다.

자신의 정체성과 가치관이 뚜렷하기 때문에 주위 사람들에게 항상 신뢰감을 얻고 있다.

◈ **집에 오래 머무르지 않고 활동량이 많다.**

밖에서는 친구들과 만나서 소통하고, 집에서도 친구나 자식들과 카톡으로 소통하며, 신문이나 책을 읽는 등 활동량이 많다.

◈ **운동을 꾸준히 한다.**

운동이 건강에 좋다는 것은 누구나 다 알고 있는 사실이다. 그러나 어느 정도 실천하느냐가 중요하다. 노인들은 혼자서 하는 운동보다는 함께하는 운동이 더 효과적이다.

함께 운동을 하면 신체적인 효과도 있지만 정신적인 효과도 있기 때문이다.

◈ **종교를 가지고 있거나 자기만이 꼭 지키며 사는 삶의 철학을 지니고 있다.**

인간이 종교를 가진다는 것은 자신의 부족함과 한계를 알기 때문에 겸손하며, 죽음에 대해서도 더 의연해질 수가 있다.

유행가 가사처럼 '오늘도 우리는 늙어가는 것이 아니라 익어 간다'는 가사가 있듯이 여유로운 마음을 갖고 범사에 감사하며 기쁨이 넘치는 삶이 계속 된다면 이것이 장수로 가는 길이 아니겠는가.

노인들의 삶과 여행

   노인들에게 여행은 특별한 것이다. 여행이란 단조로운 일상생활을 탈피하여 자신들이 선호하는 지역을 방문하여 새로운 풍경과 문화를 접하면서 에너지를 충족하여 생활에 활력을 얻기 위한 목적으로 다니곤 한다. 노인들에게 여행이란 여러 가지 의미를 부여한다.

   노인들의 일상생활은 단조롭기도 하고, 활동의 범위도 좁기 때문에 먼 곳으로 떠나고 싶은 욕망은 누구나 간절하지만 실천하기가 쉽지 않다. 특히 건강에 자신이 없는 노인들은 언제 건강에 문제가 생길지 예측하기가 어려우며 불안하기도 한다. 그래서 걸어 다닐 수 있는 지금 한 번이라도 더 여행을 다녀오고 싶은 것이 노인들의 공통된 생각이다.

노인들은 혼자서 여행을 한다는 것은 어려우므로 친구들과 함께 단체로 여행을 다니는 것이 이상적이다. 우리 초등학교 동창생들은 1년에 한 번씩 단체로 여행을 다니는데, 앞장서서 주선하는 친구들의 헌신적인 노력으로 인하여 모두들 저렴한 비용으로 편안하게 여행을 즐기고 있다.

지난해에는 경상남도 고성의 한적한 시골 마을에 있는 영오초등학교 33회 나의 동창생들이 이곳 삼척으로 여행을 온다고 갑자기 연락이 왔다. 버스를 대절하여 진주에서 출발하여 마산, 창원, 부산을 찍고 이곳으로 온 것이다.

70세가 넘은 노인들이 되었지만 동심으로 돌아가 건강한 모습으로 희희낙락(喜喜樂樂)하며 살아가는 모습을 보니 부럽기도 하고 다들 장수하는 데 문제가 없겠다는 생각이 들었다.

어릴 적에 보릿고개를 함께 넘기면서 동고동락(同苦同樂) 했던 마음 편안한 친구들과 같이 여행을 한다는 것은 노인들이 누릴 수 있는 최소한의 삶의 보람이요, 기쁨이 될 수 있기에 지금까지 고생하면서 살아온 삶에 대한 최소한의 보상이 아닐까 생각도 해본다.

재미를 붙였는지 올해는 제주도로 여행을 계획하여 지금 여행 중에 있다고 한다. 제주도에는 지금 3월인데도 벌써 유채꽃이 만발하였다고 사진을 보내왔기에 올려보았다. 함께 동행하지는 못했지만 신노인으로 살아가는 모습이 부럽기도 하고 대리만족도 느껴본다.

젊어서 고생하며 살아왔기 때문에 이제는 인생을 즐기며 삶을 정리해야 한다,

여생지락(餘生之樂)이라는 말은 남은 인생을 즐겁게 살자는 뜻이다.

공자도 여생을 즐기는 사람이 최고라고 하였으며, 로마의 정치가였던 키케로도 젊은이 같은 노인을 만나면 자신도 즐겁다고 하였다. 재물이 아무리 많아도 인생을 즐겨보지도 못하고 죽으면 허망한 것이다. 노인들이 매순간 인생과 풍경을 함께 즐기는 것은 지혜로운 삶이다.

가을을 기다리느라 봄날의 포근함을 놓치지 말아야 하며, 겨울이 되어서야 푸르렀던 여름을 그리워하면 안 된다. 앞만 보고 산을 오르다 보면 옆의 아름다운 경치를 놓치기 쉽다.

조금은 느리게 오르다보면 놓치고 가는 아름다운 풍경들을 발견하게 된다. 지금의 이 순간을 소중하게 여기며, 즐겁게 보내는 것이 진정한 행복이다.

오늘은 건강해도 내일 돌연사할 수 있는 것이 노인들의 삶이다. 이런 상황을 묵시하면서, 내일 잘못되어도 후회하지 않는 인생을 살기 위해서라도 노인들이 하고 싶은 일을 참고 산다거나 미룬다는 것은 어리석은 일이다.

언젠가 질병이나 노환으로 인하여 거동이 불편해지면 더 이상 여행은 불가능하며, 노후에 다녔던 여행의 추억들만 가슴에 남을 것이다.

우리나라도 세계 어느 곳 못지않게 아름다운 관광지가 많다.

강원도는 산과 바다가 있어서 그런지 많은 사람들이 가장 선호하는 여행지이다. 특히 내가 살고 있는 동해안은 마치 물감으로 물들여 놓은 것처럼 새파란 바닷물에 해안가에 펼쳐진 기암괴석과 함께 아름답게 펼쳐진 풍경들이 감탄을 자아내는 곳이다.

특별히 이곳 동해안은 평탄한 관광지라 노인들이 여행하기에도 적합한 곳이다.

8.
노인들의 마음가짐

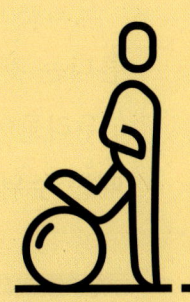

1

노인들의 마음가짐

　100세 시대를 앞두고 있으면서, 고령화 사회에 진입하면서 노인들의 숫자가 급격하게 증가하고 있다. 옛날에는 노인들 숫자보다 어린이들의 숫자가 많았지만, 지금은 노인들의 숫자가 어린이들의 수보다 역전되어 더 많아졌다.

　노인들에게 분명한 사실은 앞으로 살아갈 날이 지금까지 살아온 날보다는 분명히 적다는 것이다. 어찌 보면 죽음을 향하여 달려가고 있는 것이다.

　죽음에는 분명히 알고 있는 세 가지와 모르는 세 가지가 있다고 한다.

　알고 있는 세 가지는, 사람은 분명히 죽는다는 것. 나 홀로 죽는다는 것. 죽을 때 아무것도 가지고 못 간다는 것이다.

　모르는 세 가지는, 언제 죽을지 모른다는 것. 어디서 죽을지 모른다는 것. 어떻게 죽을지 모른다는 것이다.

　우리들이 세상에 올 때는 울고 왔지만, 우리들이 세상을 떠나갈 때는 주위 사람들이 아쉬워하는 가운데 웃으면서 갈 수 있는 사람이 된다면 얼마나 좋을까? 라고 생각하면서 '앞으로는 잘 살아야겠구나!' 하는 마음을 다짐해 본다.

◈ 노인들의 마음가짐

- 혼자 생활할 수 있는 습관을 갖자.
- 일을 시키고 잔소리 하지 말자.
- 하루에 6천 보 이상을 걷자.
- 체력과 기억력이 좋다고 자랑하지 말자.
- 모든 일에 감사하는 마음을 갖자.
- 요청하지 않으면 충고하지 말자.
- 남의 생활에 참견 말자.
- 어떤 상황에도 남을 헐뜯지 말자.
- 상처를 받았더라도 빨리 잊어버리자.
- 할 수 없는 일은 시작도 하지 말자.
- 하루하루 숨 쉬고 살아감에 감사하자.
- 혼자서 오랫동안 집에 머물지 말자.
- 음식은 소식하고, 끼니를 거르지 말자.
- 매일 샤워를 하고, 속옷은 자주 갈아입자.
- 남이 무엇인가 나에게 해줄 것을 기대하지 말자.
- 늙은이라고 냉정히 대하더라도 화내지 말자.
- 무슨 일이든 자기 힘으로 하려고 노력하자.
- 잠은 하루에 8시간 이상씩 자려고 노력하자.
- 친구가 먼저 죽어도 지나치게 슬퍼하지 말자.
- 너무 먼 장거리 여행은 후회할 수도 있다.

- 여건이 허락한다면 지인들과 여행을 자주 하자.
- 자식들이 무시하더라도 심각하게 생각하지 말자.
- 항상 주위 사람들과 소통하고, 카톡으로 마음을 공유하자.
- 몸에 좋다고 아무 약이나 먹지 말고, 남에게 권하지도 말자.
- 의사(意思)를 정확히 전달하고 겉과 속이 다른 표현을 쓰지 말자.
- 가끔 찾아오는 친지보다 매일 보살펴 주는 주변 사람에게 감사하자.
- 즐거워지려면 쌈짓돈을 풀자. 그러나 돈이면 다 된다는 생각은 말자.

부부관계란 촌수도 없는 아주 가까운 관계로서 같은 방을 사용하며 같은 이불 속에서 살지만 이혼을 하게 되면 세상에서 가장 보기 싫은 원수가 된다. 살다보면 힘들 때도 많겠지만 서로 이해하고 양보하면서 끝까지 함께 할 수 있다면 이것보다 더 좋은 축복이 어디 있겠는가?

20대 부부는 서로 팔 베게하고 잔다.
30대 부부는 서로 마주보고 잔다.
40대 부부는 서로 하늘을 쳐다보고 잔다.
50대 부부는 서로 등을 맞대고 잔다.
60대 부부는 서로 각방에서 잠을 잔다.
70대 이상 부부는 아침에 일어나면 서로 어디에서 잤는지도 모른다.

◈ 노인과 어른

나는 노인인가요? 어른인가요?

오늘도 우리는 어른이 되기 위하여 조심스럽게 살아가고 있다.

노인은 늙은 사람이고, 어른은 존경받는 사람이다.

노인은 자신이 지혜롭다고 생각하지만 어른은 자신이 부족하다고 생각하는 사람이다.

노인이 많으면 사회가 어려움을 겪지만, 어른이 많으면 사회가 윤택해진다.

시간이 흐를수록 부패하는 음식이 있고 발효하는 음식이 있듯이, 사람도 나이가 들수록 노인이 되는 사람이 있고 어른이 되는 사람도 있다.

노인은 나이를 먹을수록 어린아이 같은 사람이 되지만, 어른은 나이를 먹을수록 성숙해지는 사람이다.

노인은 화를 잘 내지만 어른은 웃음이 많은 사람이다.

노인은 머리만 커진 사람이고, 어른은 마음이 커진 사람이다.

노인은 더 이상 배우려 하지 않지만, 어른은 애들한테도 배우려고 한다.

노인은 아직도 채우려고 하지만, 어른은 비우고 나누어 준다.

노인은 나이가 들수록 자기 자신만 알지만, 어른은 이웃을 먼저 배려하려고 한다.

노인은 나를 밟으면 가만두지 않겠다고 하지만, 어른은 나를 밟고 올라서라고 한다.

노인은 다른 사람과 자신을 비교하지만, 어른은 자신만의 아름다움을 가꾸는 사람이다.

노인은 겉모습이 늙어가는 것을 슬퍼하지만, 어른은 속사람이 충만해지는 것을 즐거워한다.

노인은 세월이 가니 몸과 마음이 자연히 늙는다고 생각하는 사람이고, 어르신은 자신을 가꾸고 스스로 젊어지려고 노력하는 사람이다.

노인은 자기 생각과 고집을 버리지 못하는 사람이고, 어르신은 상대에게 이해와 아량을 베풀 줄 아는 사람이다.

노인은 상대를 자기 기준에 맞춰 부정적으로 평가하는 사람이고, 어르신은 좋은 덕담을 해 주고, 긍정적으로 이해해 주는 사람입니다.

노인은 상대에게 간섭하고 잘난 체하며 지배하려고 하는 사람이고, 어르신은 스스로를 절제할 줄 알고, 알아도 모른 체 겸손하며, 느긋하게 생활하는 사람이다.

노인은 대가없이 받기만을 좋아하는 사람이고, 어르신은 상대에게 베풀기를 좋아하는 사람이다.

노인은 고독하고 외로움을 많이 타는 사람이고, 어르신은 주변에 좋은 친구들이 있기에 즐겁게 살아가는 사람이다.

노인은 이제 배울 것이 없어 자기가 최고인 양 생각하는 사람이고, 어르신은 언제나 배워야 한다고 생각하는 사람이다.

노인은 자기가 사용했던 물건이 아까워 버리지 못하는 사람이고, 어르신은 그 물건들을 나누어 주려고 하는 사람이다.

노인은 공짜를 좋아하는 사람이고 어른은 그 대가를 반드시 지불해야 한다고 생각하는 사람이다.

노인은 얻어먹기를 좋아하는 사람이고 어른은 사주기를 좋아하는 사람이다.

　노인은 늙어가는 사람이고 어른은 익어가는 사람이다.

　노인은 남에게 도움을 받으려고 하지만 어른은 도움을 주려고 한다.

　노인은 앞자리에 앉으려고 하지만 어른은 뒷자리에 앉으려고 한다.

　노인은 길고 오래 살아가려고 하지만 어른은 짧고 굵게 살아가려고 한다.

　노인은 자기 자신을 위하여 기도하지만 어른은 다른 사람들을 위하여 기도한다.

◈ **노인들의 고독 문제**

　과거에는 노인들의 고독 문제가 사회적으로 큰 이슈가 되지 않았지만 이제는 우리나라도 초고령 사회 진입을 앞두고 있는 지금 노인들의 고독 문제가 사회적으로 부각되고 있다. 초고령 사회를 목전에 두고 있는 지금 우리나라 노인들은 앞으로도 노인의 신분으로 살아가야 할 날이 너무 많이 남아있기 때문이다.

　부부가 인연을 맺으면 평생 함께 살 것 같지만 언젠가는 혼자가 된다. 함께 행복하게 살다가 함께 죽으면 좋겠지만 그것은 불가능한 일이다. 특히 남자가 아내를 먼저 떠나보내고 혼자가 되면 그 어려움은 말로 표현할 수가 없을 정도이다. 그러므로 남자 노인들은 부인과 함께 살 때에 혼자 살아갈 수 있는 방법을 사전에 연습해 두어야 한다.

과거에는 노후에도 결혼한 자식들과 한 집에서 함께 사는 가정이 있었지만 앞으로는 그렇게 될 가능성이 거의 없다. 과거에는 경제적 능력이 없는 노인들의 경우, 어쩔 수 없이 결혼한 자식들 집에 얹혀서 함께 살았지만 지금은 국가나 지방자치단체에서 최소한의 기초 연금과 본인이 원할 경우 일자리를 제공하여 줌으로 독립해서 살아갈 수 있는 여건이 마련되어 있다. 그래서 요즘은 자식들과 멀리 떨어져서 사는 것을 대부분의 노인들은 원하고 있다.

멀리 떨어져서 사는 것이 부모와 자식 간에 서로에게 부담을 주지 않을 뿐만 아니라 서로 배려하는 부분도 있기 때문이다. 가까이 살면 서로 사소한 일에도 신경을 써야 하지만 멀리 떨어져 살고 있으면 부담도 적을 뿐더러 가끔 만나게 되면 더 반갑기 때문이다.

문제는 부부가 함께 살 때는 서로 의지하면서 사니까 고독이나 외로움을 덜 느끼지만 혼자가 되었을 때는 고독감을 혼자서 감당하기가 어려워진다. 어차피 외로움은 노인들이 겪어야 할 최고의 형벌이다.

김형석 교수님은 '고독이라는 병'이라는 책에서 현대인들은 군중 속에서 인간적인 고독을 느끼는데, 그 고독이 무서운 병이라고 하였다. 그래서 100세가 넘은 지금도 그 고독에서 벗어나고 싶어서 사람들과 소통하는 방법으로 글을 쓰고 있다고 하셨다.

고독의 반대는 사랑이다. 그러므로 사랑을 가장 필요로 하는 사람이 가장 깊은 고독을 느끼는 법이며, 얻을 수 없는 사랑을 품은 이가 누구보다도 고독해지는 법이다. 인간을 사랑할 수 있는 사람은 그 인간을 통하여 고독을 잊을 수 있으며, 미를 찬양할 수 있는 사람은 그 미를 통하여 고독을 해소할 수가 있다고 한다.

일본에서는 최근에 놀라운 일이 벌어지고 있다. 일본 노인들이 감옥에 가기 위해 슈퍼마켓에서 물건을 훔친다는 것이다. 감옥에 가면 옆에 사람들도 있고 자신의 건강까지도 교도소에서 살펴주니 감옥이 집보다 더 좋다는 것이다. 감옥에는 자유는 없지만 친구도 있고 다른 걱정거리가 없다는 것이 감옥을 찾는 노인들의 이유이다.

캐나다에서는 노인들의 외로움을 달래주기 위하여 '루드비히'라는 말하는 로봇 인형을 독거노인들에게 제공하고 있다. 남의 나라 이야기가 아닌 것 같다.

우리나라에서도 반려동물의 숫자가 급격히 늘어나고 있는 사실도 같은 뜻으로 해석할 수 있다. 실제로 반려동물이 노인들에게 외로움을 달래주고 있다는 사실만으로도 노인들에게는 위안이 된다. 자식들보다는 반려동물이 더 좋다는 시대가 올지도 모른다.

◆ **지금 노인들이 겪고 있는 것이 마지막 세대이다.**

우리나라 역사가 5천 년이 넘는다고 하지만 산업화가 시작된 이후 최근 50년 넘게까지 시대적으로 가장 많은 변화를 가져온 것 같다.

조상 대대로 살아온 농경 사회에서 제조업 중심의 사회를 거쳐 지금은 후기 산업 사회로 접어들면서 엄청난 사회적 변화를 경험하면서 살아가고 있다. 급격한 사회적 변화는 10년만 차이가 나도 세대 차이를 느낄 만큼 급속도로 변화하고 있는 것이다.

우리 세대가 겪은 보릿고개를 어찌 요즘 젊은이들이 이해를 하겠는가? 듣고 보면 이해는 하겠지만 실제로 경험한 세대들과는 많은 차이가 있으리라 생각된다.

지금 우리 노인 세대들이 살아오면서 겪은 사실들이 어쩌면 젊은 세대들에게는 '전설 따라 삼천리 같은 이야기'가 될 수도 있을 것이다.

- 지금 노인들의 세대가 영어를 모르고, SNS(사회 관계 통신망)를 모르고, 컴맹(컴퓨터 맹인) 소리를 들으면서 살아가고 있는 마지막 세대이다.
- 새벽에 출장 떠나는 남편들이 아내에게 아침 밥상 얻어먹는 마지막 세대이다.
- 첨단 기기 사용법을 숙지하지 못하고, 은행 자동 인출기를 이용하지 못하는 마지막 세대이다.
- 운전을 하고 싶었지만 운전대를 한 번도 잡아보지도 못하고 살다가 세상과 이별하는 마지막 세대이다.
- 대학을 꼭 가보고 싶었지만 대학 입학 원서조차도 내 보지 못했던 마지막 세대이다.
- 독신으로 살기를 원했으나 부모님의 권유를 거절할 수가 없어서 결혼을 할 수 밖에 없었던 마지막 세대이다.
- 아들이 있어야 한다며, 아들을 낳을 때까지 계속 애를 낳아야만 했던 마지막 세대이다.

- 부모님을 모실 줄 알고, 조상들의 성묘를 다니고, 제사를 모시는 마지막 세대이다.
- 부자유친(父子有親), 즉 아버지와 아들은 친함에 있다는 교육을 받을 수 있었던 마지막 세대이다.
- 부모와 자식을 위해서는 모든 것을 희생할 줄 아는 마지막 세대이다. 부모를 부양하는 마지막 세대이며, 자식으로부터 부양받지 못하는 마지막 세대이다.
- 세상에서 가장 힘든 일이 배고픔이라는 것을 알고 있고, 보릿고개라는 뜻을 알고 있는 마지막 세대이다.
- 검정 고무신에 책 보따리를 매달고 학교를 향해 달리던 마지막 세대이다.
- 설날이 다가오면 연 날리고, 그 연을 정월대보름날 달집에 매달고 달집을 태웠던 마지막 세대이다.
- 벌어놓은 재산을 쌓아놓기만 하고 써보지도 못한 채 죽는 마지막 세대이다.
- 노후 대책을 세우느라 재산만 잔뜩 모아놓고 오늘을 행복하게 살 줄 모르고 죽는 마지막 세대이다.
- 자녀들로부터 독립 만세를 불러야 하는 마지막 세대이다.
- 살아서는 내가 조상님을 모셔야 하며, 죽어서도 나의 제삿밥을 내가 알아서 챙겨 먹어야 하는 마지막 세대이다.
- 딸을 낳으면 비행기를 타고, 아들을 낳으면 밥도 못 얻어먹는다는 첫 세대이다.
- 외갓집은 잘 알아도 아버지 본가는 관심도 없다는 것을 경험하는 첫 세대이다.

◆ 노인들의 노하우(knowhow)

 우리 세대의 노인들은 비록 몸은 병들고 첨단 기기를 잘 사용하지 못하여 문명의 혜택을 누릴 수는 없지만, 전쟁터에서 살아남은 경험이 있으며, 그 힘든 보릿고개도 넘기며 살아온 지혜들이 있다. 그리고 끼니도 해결하지 못한 상황에서도 자식들을 대학 공부까지 가르친 노하우도 있다.

 노인들은 젊은이들에게 없는 특별한 창고에 지혜의 보물들을 가득 쌓아놓고 있다. 그래서 노인 한 사람이 죽으면 도서관 하나를 잃는다는 말도 일리가 있다. 노인들은 가시밭길을 헤치고 나오는 법을 스스로 터득하며 살아왔으며, 현재 젊은이들이 경험해 보지도 못한 많은 것들을 경험도 해 보았다. 그래서 노인들은 어떻게 인생을 살아야 하는지 경험을 통해 알고 있지만, 젊은이들은 노인들의 노하우에 관심조차 없으며 외면당하고 살아간다.

 특히 80세 이상의 노인들은 오늘날 젊은이들보다는 특별한 다른 삶을 경험하면서 살아왔다. 그들은 전쟁의 고통 속에서도, 질병과 가난 속에서도 우리나라 경제를 부흥시킨 주역들이며 그런 과정에서 풍부한 통찰력과 상상할 수 없는 노하우를 갖고 있지만 젊은이들에게는 '꼰대'라는 소리를 듣고 살아간다.

 반면에 노인들은 풍족한 물질의 혜택은 누리지 못하고 살아왔지만, 맑은 물과 깨끗한 공기를 마시면서 살아왔으며, 대문을 걸어 잠그지 않고도 이웃을 가족처럼 함께 살아왔던 아름다운 추억을 가슴속 깊이 간직하고 살아왔다. 경험에서 우러난 이들의 풍부한 사고와 지혜는 현대를 살아가는 젊은이들에게 새로운 노하우가 될 수도 있지만, 외면당하는 것이 안타까울 뿐이다.

국내 총생산 규모가 3만 불이 넘고, 세계에서 경제 대국으로 우뚝 선 것도 노인들이 땀 흘려 희생한 결과라고 볼 수 있다.

남북한의 극한 대치와 러시아와 우크라이나의 전쟁 그리고 강대국들과의 무역 전쟁으로 인하여 한치 앞을 내다 볼 수 없는 긴박한 국제 정세이지만 젊은이들이 지금까지 겪어왔던 노인들의 노하우를 전수받아서 강대국의 대열에서 이탈되지 않기를 기원하고 있다.

◆ 노인들에게 요양원이란?

노인이 되어도 건강하게 살 때는 문제가 없지만 언젠가는 거동이 불편하게 될 때는 누구가의 도움 없이는 혼자서 살 수 없을 때가 분명히 오고 만다. 과거에는 사망할 때까지 자식이 어떤 형태로든지 책임을 졌지만 지금은 세상이 변하여 자식에게 의존하는 것보다는 사회에서 마련한 시설에서 생을 마감하는 경우가 많아졌다.

우리도 언젠가는 이런 시기가 올 것인데, 나는 과연 어떻게 할 것인가? 지금은 깊이 묵상해 보아야 할 때이며, 실제로 마음의 준비도 해 놓아야 한다. 특히 치매 등으로 인하여 밤낮 구별도 못하고 가족들도 못 알아볼 정도가 되면 어쩔 수 없이 요양 병원이나 요양원으로 가야되지 않을까 생각도 해 본다.

① 요양원

요양원은 노인성 질환을 앓고 계신 분들이라면 누구든지 입소할 수 있는 곳이다. 보통 중풍, 뇌경색, 편마비, 파킨슨병, 알츠하이머 치매 등이 있는 노인들이 대부분 입소하고 있다. 요양 병원과는 다르게 노인 의료 복지 시설의 성격을 띠고 있기 때문에 상주해 있는 의사나 간호사 등은 없다. 요양원에 입소하는 노인은 노인 장기 요양 등급을 받아야 하는데, 판정이 1~4등급을 받아야 입소할 수 있다.

등급	급여비용(1일)	급여비용(30일)	본인부담금(월) 일반대상자(20%)	감경자(12%)	감경자(8%)	월 비급여(식대, 간식)	월 총계 일반대상자(20%)	감경자(12%)	감경자(8%)
1등급	78,250	2,347,500	469,500	281,700	187,800	270,000	739,500	551,700	457,800
2등급	72,600	2,178,000	435,600	261,360	174,240	270,000	705,600	531,360	444,240
3~5등급	66,950	2,008,500	401,700	241,020	160,680	270,000	671,700	511,020	430,680

<등급에 따른 요양 부담금>

  요양원 비용은 요양원을 입소하기 전 보호자들이 여러 요양원을 비교해 보는 것이 중요하다. 요양원 비용은 시설에 따라서 비용이 비례한다고 보는 것이 좋다. 요양원은 보통 요양 병원에 비해 이용 요금이 저렴한 편이다. 2023년 요양원 비용 중 80%가 국민건강공단에서 지원되며 본인 부담금은 20%이다.

  2023년 전년 대비 4.54% 인상되었으며 이것은 요양원에서 근무하시는 요양 보호사가 기존 입소자 2.5명당 1명에서 2.3명당 1명으로 배치되었기 때문이다. 그리고 기초 생활 수급자라면 전액 무료가 될 수도 있으며 감경 대상자가 될 수도 있다.

② 요양 병원

  요양 병원은 병원의 한 종류로, 대한민국에서는 병원급 의료 기관 중 하나이다. 중풍, 뇌경색, 뇌출혈, 사지마비, 편마비, 파킨슨병, 알츠하이머병, 뇌염 등 보호자가 필요한 질병이나 간암, 폐암, 위암, 대장암 등 임종을 앞둔 노인이 많이 입원하는 병원이다. 요양 병원은 수술을 일절 하지 않으며 외래 환자는 받지 않는다.

　요양 병원은 국가에서 정기적으로 검사를 해서 환자 수 대비 의사와 간호사의 수, 기타 직군 인력의 수 등 여러 기준을 만족하였는지 여부에 따라 1등급부터 5등급까지 등급을 나누고 있다. 의료법 상 감염병 환자는 요양 병원에 입원할 수 없도록 되어있다.

③ 노인 장기 요양 보험 제도

　고령화의 진전과 핵가족화 등 급격한 사회 환경 변화에 따라 과거 개인이나 가계의 부담으로 인식되던 장기 요양 문제가 점차 사회적·국가적 책임으로 확대되고 있다.

　지금은 누구나 건강 보험료에 가입하여 직장에서나 지역에서 보험료를 납부하고 있다. 어린 자녀들은 부모에게 피부양자로 가입되어 있으며, 직장에서 은퇴 후에는 자식에게 피부양자로 가입되거나 아니면 지역에서 건강 보험에 가입하여야 한다.

　건강 보험에 가입된 자가 치매나 뇌혈관성 질환 등 노인성 질병을 가진 경우에는 노인 장기 요양 보험의 혜택을 받을 수 있다. 각종 노인성 질환으로 혼자서 일상생활을 하기 어려운 사람들을 위해 신체 활동 또는 가사 활동 지원 등의 장기 요양 급여를 제공하는 사회 보험 제도이다.

　노인 장기 요양 보험 서비스를 받으려면 우선 장기 요양 인정을 받아야 한다. 장기 요양 인정 신청은 건강 보험 가입자 및 그 피부양자 또는 의료 급여 수급권자 중 65세 이상의 노인 또는 65세 미만인 자로서 치매, 뇌혈관성 질환 등 노인성 질병을 가진 경우에만 가능하다

장기 요양 인정 절차는 먼저 공단에 장기 요양 인정 신청 후 공단 직원의 인정 조사 및 의사 소견서 제출과 등급 판정 위원회의 심의를 거쳐서 1~5등급 수급자로 판정이 되면 인정서를 교부받게 된다.

본인과 가족에게 간병이 필요할 때, 자택 이외의 시설에서 간병과 치료를 원하는 사람이 늘어나고 있다. 고령자용 노인 복지 시설은 다양하다.

장기 요양 기관은 시설 급여를 제공하는 노인 요양 시설과 인력 기준을 갖추어 방문 요양 서비스와 같은 재가 급여를 제공하는 재가 노인 복지 시설로 구분한다. 가장 먼저 고민해야 할 것은 집에서 방문 요양 서비스, 주·야간 보호 서비스, 단기 보호 서비스, 방문 목욕 서비스, 그 밖의 서비스 등 지원을 받을 것인지, 아니면 시설에 입소하여 요양 및 간병 서비스를 받을 것인지를 먼저 결정하는 것이다.

장기 요양 보험이 지정한 요양 기관은 비교적 적은 비용으로 입주할 수 있는 반면, 사설 요양기관은 신체 상태, 재산, 가족 상황 등을 고려하여 입주를 제한하는 곳도 있다. 종류도 많고 서비스도 다양한 장기 요양 기관을 선택할 경우에는 우선 본인이 부담해야 할 부담금을 확인해야 하며, 반드시 현장 견학을 하여 시설이나 제반 사항을 직접 확인해 보아야 한다.

◆ 행복한 죽음을 위한 준비(well-dying)

웰 다잉(well-dying)이란 '행복한 죽음을 위한 준비' 또는 '잘 죽는 것'이라고 말하며, '죽기 전에 죽음에 대하여 공부를 해야 한다'는 뜻도 포함되어 있다.

가정의학과 의사이신 김여환 의사는 호스피스 전문의로서 말기 암 환자 800명 이상에게 사망 판정을 내리면서 그녀가 직접 겪으면서 느꼈던 이야기를 '죽기 전에 더 늦기 전에'라는 책으로 출판하였다. 저자는 '우리가 한 번은 가야 할 죽음을 더 늦기 전에 알아야 한다'라고 말하고 있다. 결국 죽을 때는 아무것도 갖고 가지 못하면서 혼자 떠나는 것인데 왜 그렇게 삶에 집착하느냐고 묻고 있다.

죽음은 삶을 배우는 최고의 방법이다. '오늘도 나는 임종실에서 하루를 연다. 하지만 그들과의 이별을 통해 내가 배운 것은 죽음이 아니라 삶'이라고 하였다.

저자가 이 책을 통하여 소개한 '행복한 죽음(웰 다잉) 10계명'은 우리들에게 많은 것을 시사해 주고 있다.

① 내일을 위해 오늘의 행복을 양보하지 마라.

진정한 행복은 다른 사람에게 기쁨을 주는 일이다. 내일의 행복을 위해서 오늘을 포기하면 안 되며, 지금 이 순간 행복해지는 것이 더 중요한 것이다.

② 건강할 때 호스피스 병동에서 봉사하자.

건강할 때 단 한 번이라도 시간을 내서 호스피스 병동에서 봉사하는 것은 죽음을 배우는 지름길이다.

③ 나쁜 소식도 정확하게 알아야 한다.

무슨 병에 걸렸는지, 얼마나 진행되었는지, 치료 목표는 무엇인지, 진실을 정확하게 알고 있어야 해답을 찾을 수 있다.

④ 자신이 준비한 마지막 말을 오늘 하자.

마지막 가는 사람에게 "미안해. 사랑한다. 고맙다"는 말들을 임종 순간에 하지 말고 오늘 지금 당장 하자! 인간은 떠날 때 좋은 말을 남긴다. 위의 세 마디 말이면 삶의 모든 갈등이 사라진다.

⑤ 죽음이 불행인 것처럼 대하지 마라.

　슬픔이 찾아왔다고 해서 인생이 온통 먹구름으로 뒤덮이지는 않는다.

⑥ 통증 조절을 잘하는 주치의를 알아두라.

　죽기 전에는 대부분 육체적으로나 정신적으로 엄청난 고통을 겪게 된다.

　이럴 때 통증을 조절해 줄 수 있는 의사를 만나면 얼마나 좋을까?

⑦ 건강할 때 자신의 마지막을 상상해 보라.

　마지막 순간 가슴에 무엇을 담고 떠날지를 상상하라. 그리고 바로 지금 그 일을 실행하라.

⑧ 마지막 순간까지 즐길 수 있는 취미를 만들어라.

　죽어갈 때 나를 즐겁게 할 수 있는 취미를 가져라.

⑨ 당신은 가도 당신의 재산은 남는다.

　먼저 떠나는 사람이 인생의 선배다. 자신의 개인적인 감정을 담은 유언이 아니라, 남아 있을 사람을 위해서 유언을 하자.

⑩ 마지막을 같이하는 웰 다잉 보호자를 만들어라:

　헛된 만남보다 단 한 사람의 진심어린 사람과 만나야 죽음이 쓸쓸하지 않다. 그러기 위해서는 우리가 먼저 웰 다잉 보호자가 되어야 한다. 우리가 떠날 때 나의 손을 잡아줄 사람이 있다는 것은 우리가 이 세상에서 받을 수 있는 가장 큰 선물이다.

◆ **사람으로 태어나서 사망하기 전에 해야 될 일들**

한 인간으로 태어나서 사람이 하는 일 가운데는 꼭 해야만 하는 일이 있으며, 해도 되고 안 해도 되는 일도 있으며, 정말 해서는 안 될 일도 있다.

사람으로 태어나서 죽기 전에 꼭 해야만 하는 일은 다하고 죽는 것이 사람의 기본적인 도리이다. 식물도 싹이 돋아나면 꽃이 피고 열매를 맺고 나면 생을 마감한다. 인간도 언젠가는 반드시 수명을 다 하고 생을 마감하여야 한다는 사실은 부인할 수 없는 사실이다.

식물이나 일반 동물은 영(靈)이 없기 때문에 생을 다하면 흔적도 없이 사라지지만 인간은 식물과 일반 동물과는 다르게 감정이 있고 영(靈)이 있기 때문에 죽음 이후에도 계속 후손들과 인연을 이어가고 있다고 생각하고 있다. 그래서 부모가 사망하면 자식들이 애통해 할 뿐만 아니라 장례식도 마음과 정성을 다하여 마지막 가는 길을 애도 속에서 보내 드리고 있는 것이다. 그러므로 인간으로 태어나서 죽기 전에 해야 할 일들을 정리해 본다.

첫째로, 자식은 부모보다 오래 살아야 한다.

사람으로 태어나서 죽기 전에 해야 될 일 중의 하나는 먼저 길러 주신 부모님이 세상을 다 살고 사망하실 때 편안하게 가실 수 있도록 자식으로서 도리를 다하는 것이다. 그러나 자식이 부모보다 먼저 죽게 되면 이것보다 더 불행한 일이 어디에 있을까? 임종을 앞둔 부모들은 자식이 곁에 있다는 사실만으로도 얼마나 위로가 되며 마음 편안하게 눈을 감을 수가 있겠는가?

아직 죽음을 맞이해 보지 않아서 알 수는 없지만 죽음에 대한 공포는 누구에게나 있기 마련이지만 자식이 곁에 있는 것만으로도 부모는 위로와 힘이 될 것이다. 그래서 많은 사람들이 말하기를 사람이 살면서 가장 힘든 것 중에 하나가 자식이 부모보다 먼저 사망하여 부모가 자식이 가는 마지막 길을 지켜보아야 한다는 사실이다.

자식이 부모를 떠나보낸다는 것도 힘든데 부모가 자식을 먼저 떠나보낸다는 것은 상상만 해도 끔찍한 일이다. 그래서 웬만하면 자식의 장례식에는 부모가 참석을 하지 않는다. 참석을 않는 것이 아니라 못하는 것이다.

인간으로 태어나면 건강 관리를 잘하여야 한다는 것은 필수적이며 의무적이다. 육신이 자기의 것이라고 막 굴리면 안 된다. 육신은 나의 것만은 아닌 것이다. 건강 관리를 잘못하여 질병을 얻게 되면 모든 가족들이 함께 힘들어한다. 자신의 몸은 결코 혼자 몸이 아니라는 것을 잊어서는 안 된다.

부모님과 형제, 자식들이 실타래처럼 엮여 있기 때문에 내가 잘못되면 모든 가족들과 친척들이 힘들어하기 때문이다. 그러므로 삶을 나 혼자 생각으로만 막 살아 갈 수가 없는 것이다.

두 번째는 때가 되면 짝을 찾아서 가정을 이루고 자녀들을 양육해야 한다.

사람은 때가 되면 사랑하는 사람을 만나서 결혼을 하는 것이 평범한 사람들의 순리이며 자연의 순리이기도 하다.

식물이나 동물들도 때가 되면 열매를 맺고, 새끼를 낳고 기르는 것이 세상 모든 만물의 순리인 것과 동일한 것이다. 그러나 최근에는 결혼을 하지 않고 혼자서 살겠다는 사람들이 증가하고 있으며 결혼을 해도 아이를 낳지 않고 살겠다는 젊은이들도 늘어나고 있다. 이러한 현상은 여러 가지 이유가 있겠지만 일단 세상 모든 순리에 역행하고 있는 것이다.

결혼을 하면 후회할 것 같아서 결혼을 안 한다면, 안 해도 후회할 것인데, 안 해보고 후회하는 것보다는 해 보고 후회하는 것이 더 낫지 않을까요?

세상을 70년 넘게 살아보니 가장 잘 사는 방법은 남들처럼 평범하게 사는 것이 가장 잘 사는 방법인 것 같다. 남들 학교 다닐 때 학교 다니고, 사회에 나가서 일을 해야 될 때는 일을 갖고, 남들이 결혼할 때 결혼하여 자식들 낳고, 부모님과 소통하면서 이렇게 사는 것이 가장 잘 사는 것이라고 생각된다. 그러나 요즘 젊은이들은 개인적이라기보다는 이기적인 젊은이들이 많다. 주위 사람들은 안중에도 없으며 자기중심적이다. '자식은 필요 없으며 나만 행복하면 그만이다'라는 지극히 이기적인 젊은이들이 많이 늘어나고 있는 것이다.

나이가 들어서 노인이 되면 부부간의 대화도 거의 자식이나 손주들로 인한 이야기가 주류를 이룬다. 자식으로 인하여 희노애락(喜怒哀樂)이 생기니 더 열심히 살아가는 동기가 되는 것이다.

세 번째는 사후(死後)의 문제를 본인 스스로 준비해야 한다.

 사람은 어느 정도 나이가 들면 본인이 본인 사후 준비를 해 두는 것이 좋다. 사람은 언젠가는 반드시 죽음을 맞이한다는 것은 부인할 수 없는 사실이다. 그리고 언제 죽음을 맞이할지 정확히 알 수도 없다.
 고령이 되어 본인의 수명을 다하고 가족들이 지켜보는 가운데 운명을 다하는 사람들도 있지만, 죽음을 예상하지 못한 상황에서 갑자기 죽음을 맞이하는 경우도 많다.
 예상하지도 못한 상황에서 죽음을 맞이하게 되면 가족들이 사후 문제를 어떻게 해야 할지 매우 당황하게 된다. 특히 형제들이 많은 경우에는 형제라 할지라도 부모의 장례식을 어떻게 해야 할지 각자의 생각이 다르므로 이것으로 인하여 형제간에 갈등의 원인이 될 수도 있다. 그래서 어느 정도 나이가 들면 먼저 영정 사진은 본인이 준비해 두는 것이 좋다. 자식들이 생존해 계시는 부모의 영정 사진을 준비하는 것도 이상하지 않은가?
 죽음을 맞이하여 장례식을 준비하려면 먼저 영정 사진이 필요한데 사전에 준비가 되어있지 않으면 준비하는데 어려움이 있다. 자식들은 부모님이 사망하여 정신이 없는 와중에도 망자의 비슷한 사진을 찾아서 사진관에 가서 부탁을 해야 한다.
 장례 방법과 절차도 사전에 자식들에게 유언으로 남기는 것이 좋다.

부모가 유언으로 남기지 않고 사망하게 되면 화장을 할 것인지 매장을 할 것인지부터 시작하여 어디에 안장을 해야 할 것인지 자식들은 혼란스럽다. 특히 형제간에 종교가 다를 경우에는 장례 절차에 대하여 갈등이 일어날 수밖에 없다. 어떤 경우에는 이런 문제들이 준비도 되어있지 않고, 합의가 되지 않아서 어쩔 수 없이 7일장을 치르는 경우를 목격한 경우도 있다. 사전에 자식들에게 이런 문제를 유언으로 남겼으면 부모의 유언대로 진행하면 되지만 그렇지 않은 경우에는 형제간에 의견을 일치시키기가 쉽지 않다.

　안장을 할 장소도 본인이 사전에 장소를 준비해 두는 것이 바람직하다. 경제적 어려움이 있더라도 사망하기 전에 본인이 장소를 준비해 두게 되면 자식들 입장에서는 얼마나 감사한 일인가? 납골당을 선택하든지, 수목장을 선택하든지, 매장을 원하든지, 선택하여 사전에 매입하면 등록을 할 수 있는 시스템이 현재는 가능하다. 이러한 준비를 사전에 해 두게 되면 본인도 편안히 눈을 감을 수 있으며 자식들은 얼마나 감사하게 생각할지 모른다.

　네 번째로, 종교를 갖는다.

　인간과 동물을 구별할 수 있는 것 중에 하나는 인간은 이성(理性)의 판단력이 있다는 것이다. 사람에게는 자율적으로 자기의

의지를 결정하는 이성적인 능력이 있으므로 그것에 의해 참과 거짓, 선과 악을 구별하고 아름다움을 추구하며 살아간다. 그래서 인간을 '이성적인 동물이다'라고 부르기도 하며, 인간답게 살지 않는 사람을 '동물적 인간'이라고 부르기도 한다.

인간이 동물과 구별되는 또 다른 한 가지는 인간에게는 영혼(靈魂)이 있다는 것이다. 인간은 죽으면 육신은 썩어서 없어지지만 영혼은 살아 있다고 믿고 있다. 그래서 사후에는 우리 영혼이 어디로 가야 할 것인지가 가장 중요한 과제로 남아 있다. 그래서 인류의 역사를 보면 먼 옛날 고대사회에서도 신을 믿고 의지하며 살았던 것이었다.

신앙심이 깊은 사람들은 죽음을 그렇게 두려워하지 않는다. 지금까지 인생의 긴 여행을 마치고 걱정과 근심도 없는 곳에서 영혼이 편안하게 안식한다고 생각하니 마음이 편안해진다는 것이다. 그래서 많은 사람들은 살아서 종교를 갖고 선하게 살아가려고 기도하고 실행하며 살고 있다. 우리도 언젠가는 세상을 떠나야 한다. 죽기 전에 종교를 갖고 선한 삶을 살아간다면 편안한 마음으로 이 세상을 떠날 수 있으리라 믿는다.

마지막으로는 생전에 재산 정리도 해 두어야 한다.

부모가 사망한 이후 부모의 재산 문제로 인하여 자식 간에 갈등의 골이 깊은 경우를 우리는 주위에서도 너무 쉽게 목격하고 있다. 부모가 어렵게 증식한 재산 문제로 인하여 자식들 간에 원수가 된다면 이것 또한 얼마나 불행한 일인가? 사전에 정리가 되어 있지 않으면 설령 형제간에는 합의가 되어도 며느리나 사위가 개입하게 되면 문제는 더 복잡하게 된다.

　법적으로는 현재 아들과 딸 상관없이 균등하게 증여받을 수 있지만 재산이 많은 경우 현실적으로는 쉽지가 않다. 이런 갈등의 불씨를 없게 하려면 생전에 증여를 하든지, 아니면 법적인 근거를 유언으로 남겨서 이 문제로 인하여 더 이상 다툼이 없도록 조치를 해 두어야 한다. 이런 재산 문제로 인하여 자식들이 갈라선다면 부모 입장으로도 얼마나 불행한 일인가?

2

사전연명의료의향서

◈ **사전연명의료의향서란 무엇인가?**

　사전연명의료의향서란 성인이 된 후 향후 자신의 임종 과정에서 환자가 되었을 때를 대비하여 연명 의료 중단을 결정하거나 호스피스에 관한 의사를 문서로 작성해 놓는 것이다.

　사전연명의료의향서는 자신이 향후 임종을 앞두었을 때 단지 생명 연장만을 위한 의미 없는 치료를 하지 않겠다고 판단되어 내가 건강하고 의식이 있을 때 사전에 문서를 작성하여 등록을 해 놓은 것을 말한다. 보건복지부가 인정한 문서이기 때문에 법적 효력이 있는 문서이다.

　19세 이상이면 누구나 무료로 작성할 수 있다. 물론 중간에 마음이 변하면 언제든지 등록을 오프라인이나 온라인으로 철회할 수도 있다.

◈ 사전연명의료의향서의 필요성

임종을 앞둔 환자의 인공호흡기를 만약 가족의 요구로 의사가 제거해 준다면 법원에서는 의사를 살인 방조죄로 선고하게 된다. 인공호흡기로 생명을 연장하고 있는 환자는 그 누구도 인공호흡기를 제거할 수 없는 것이다. 이것은 인간이 갖고 있는 최소한의 존엄의 문제이기 때문이다.

내가 출석하는 교회에서도 휠체어에 의존하고 있는 남자 집사님이 어느 날 갑자기 아내가 쓰러져서 뇌사 상태에 놓였다. 의사가 남편에게 인공호흡기 부착 여부를 묻자, 순식간에 벌어진 일이라 당황하여 남편이 대답을 못하니까 의사가 큰딸에게 재차 여부를 물어보았다. 자식 된 입장에서는 당연히 인공호흡기를 부착하여 어머님의 생명을 연장해 달라고 하였다. 그 이후 7년 동안 병원에서 생명을 연장하였는데, 남편은 그동안 얼마나 후회하였는지 모른다.

뇌사 상태에서는 뇌는 이미 죽었지만 인공호흡기를 부착하면 생명은 연장시킬 수가 있다. 그러나 일단 인공호흡기를 부착하고 나면 그다음은 의사도 마음대로 제거할 수가 없다.

이런 환자의 어려움 중에 하나는 규정상 얼마 정도 시간이 지나면 한 병원에서 오랫동안 입원이 불가능하여 병원을 옮겨야 한다. 그리고 병원비도 만만찮게 들어간다. 남자 집사님의 부인은 이런 상태로 7년을 더 살았는데, 병원비도 그렇고 병원을 옮기는 문제도 보통 문제가 아니었던 것이다. 그 남편 집사님이 나한테 하소연을 하는 것은, 왜 그때 내가 인공호흡기를 부착하지 말아 달라고 말을 못했는지? 자식들한테 볼 면목이 없다는 것이었다.

누구나 이런 상황이 벌어지면 그렇게 될 수밖에 없다고 위로해 드렸지만 나도 많은 생각을 하게 되었다. 그래서 나도 사전연명의료의향서에 등록을 해야 되겠다고 결심하고 곧바로 신청을 하였다.

사람은 늙으면 언젠가 한 번은 반드시 죽는다. 살만큼 살다가 치료가 불가능한 중병에 걸리면 연명 치료를 중단하고 존엄 있게 죽음을 맞이하는 것도 현명한 선택이다. 몸이 건강하고 정신이 있을 때 죽음의 준비도 하나둘씩 해 놓은 것이 지혜로운 생각이며, 의향서도 그중의 하나이다.

이렇게 애매한 경우가 사회적으로 사건화되자 국회에서는 2016년 2월에 사전연명의료결정법을 제정하여 국회에서 통과되었으며, 2018년 2월부터 시행되었다. 이렇게 사전연명의료의향서에 등록을 해 놓으면 사망이 임박했을 때 그저 생명 연장을 위한 인공호흡기나 항암 치료 등을 거부할 수 있는 법적 효력을 발휘할 수 있다. 그러면 환자나 가족, 의사가 모두 편해지고, 환자는 자기 생명에 관한 결정권도 갖게 되는 것이다.

시행 첫 해인 2018년에는 등록자 수가 8만 명에 불과하였으나, 2022년 말을 기준으로 사전연명의료의향서 등록자 수는 무려 160만 명에 이를 정도로 폭발적으로 증가하고 있다.

남자보다는 여자들의 등록률이 높으며, 70대에서 가장 신청자가 많았다.

◈ 존엄사와 안락사의 차이점

　존엄사와 안락사는 다른 의미이다. 임종을 앞두고 있는 상황은 공통적이지만 존엄사는 치료를 거부함으로써 스스로 목숨을 맞이하는 데 비하여, 안락사는 의료인이 약물 투입 등의 도움으로 인위적 죽음을 맞이한다는 차이가 있다.

　사전연명의료의향서에 의한 존엄사는 연명만을 위한 치료는 받지 않겠다는 것이며, 웰 다잉(Well Dying)으로 표현되는 존엄한 죽음을 맞이하겠다는 뜻이다.

　안락사는 역사적으로 잘못 사용된 사례(나치의 유대인 학살 등)가 있듯이 잘못하면 가족이나 의사에 의해 악용될 우려가 있으며, 존엄사는 죽음을 과도하게 미화할 가능성도 있는 차이가 있다.

　연명 의료 결정은 진통제를 투여하고 물과 산소를 공급함으로써 자연스러운 죽음을 맞이할 수 있는 선택권이 있는 반면, 안락사는 영양과 수분 공급과 같은 방법을 차단하고 약물 등으로 인하여 죽음을 의도적으로 유발한다는 차이가 있다. 그리고 연명 의료 결정권은 임종 과정에 있는 환자가 존엄하게 '죽을 권리'를 부여받는 것이 아니라 무의미한 연명 의료를 중단하거나 유보할 수 있는 '선택권'을 법적으로 제도화했다는 것이다. 즉, 존엄사는 인간답게 생을 마감할 수 있는데 중점을 둔 반면, 안락사는 고통 없이 생을 마감할 수 있다는 데 중점을 두는 차이도 있다.

　안락사의 장점으로는 자신의 죽음으로 인하여 장기 기증을 할 수 있음으로서 다른 사람의 생명을 구할 수가 있다는 장점도 있다. 안락사를 뜻하는 용어로 그리스어는 쉬운 죽음, 라틴어로는 아름다운 꽃, 독일어로는 죽음에 대한 도움 등의 뜻이 포함하고 있다.

우리나라는 2018년 연명의료결정법이 시행되면서 존엄사가 제도화되었지만, 안락사는 아직 법적으로 허용되지 않고 있다. 안락사의 법 제정을 위하여 여론 조사를 한 결과 60세 이상의 고령층에서 86% 이상이 찬성을 했지만 아직까지 법적으로는 허용되지 않고 있다.

외국에서는 스위스, 네덜란드, 캐나다, 프랑스, 미국(일부 주에서만 허용) 등 10개국 이상에서 안락사를 허용하고 있다.

◈ 사전연명의료의향서의 장·단점

장점으로는 생명에 대한 자기 결정권을 본인 스스로 결정할 수 있다는 것이다. 그동안 병원에서 받기도 싫은 연명 치료를 의미 없이 받다가 쓸쓸하게 죽는 경우가 많이 발생하였다. 치료가 고통증이라서 의사(意思) 표현을 못하는 경우도 있었으며 이를 지켜보는 가족의 정서적·경제적 어려움도 많았다.

의사와 환자, 가족들 모두의 고통이었으며 무의미한 연명 치료이다. 그래서 죽음을 앞둔 환자에 한하여 무의미한 연명 치료를 거부할 권리를 주는 것이다. 잘 활용하기만 한다면 본인이 싫어하는 항암 치료라든가 인공호흡기를 부착하여 연명하는 고통을 피할 수가 있다.

단점으로는 사람의 생각과 성향은 다양한데 일괄적인 서류 한 장만으로 마지막 단계에서 환자의 생사를 단정짓는다는 것이 과연 옳은 일인지, 이렇게 간단하게 결정할 문제는 아니라는 것이다.

◈ 어디서 신청을 하는가?

신청을 하기 전에 가족들에게 먼저 신청의 필요성을 충분히 설명한 후 가족들의 동의를 받고 신청을 하는 것이 좋다. 가족들 특히 배우자에게 아무런 상의도 없이 신청을 한 후에 전달하면 가족들이 몹시 서운해 할 수도 있다.

신청은 거주지에 있는 보건소나 노인복지관, 국민건강보험공단, 보건복지부가 지정한 병원에서 신청을 하면 된다. 신청은 본인이 신분증(주민등록증, 운전면허증)을 지참하고 직접 방문하여 수기로 작성하여야 한다.

사전연명의료의향서를 작성하고 등록증을 받으려면 우편으로도 접수가 가능한데, 등록하고 대부분 한 달 이내로 받아 볼 수 있다.

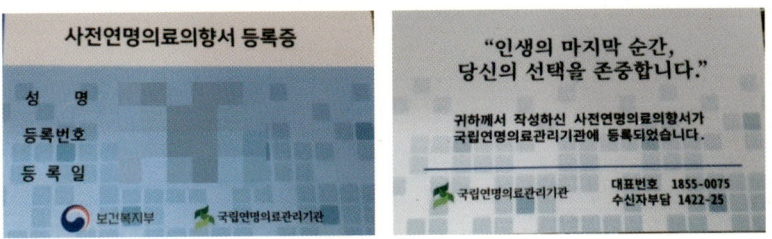

〈사전연명의료의향서 등록증〉

9.
신 노년 혁명 시대

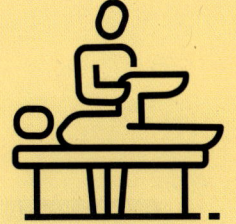

　건강한 신 노년 혁명 시대를 앞두고 태어난 시대를 기준으로 알파세대, Z세대, M세대, MZ세대, 베이비부머 세대, 욜드(Yold)세대 등으로 분류하고 있다.

　과거 농업이나 어업 등 1차 산업사회에서는 오랫동안 생활의 변화가 많지 않았으므로 세대별 차이가 적었으나, 산업사회로 접어들고 부터는 급격한 과학문명의 발달로 인하여 세대별로 느끼는 차이가 생각보다는 더 많은 것 같다.

　특히 노인들과 젊은이들 사이에서 느끼는 세대 차이는 좁히기 어려울 정도로 많은 차이가 있는 것 같다. 노인들도 젊은 세대들을 조금 더 이해하려고 노력해야 하며, 젊은이들도 노인들을 더 이해하여 세대 차이에서 오는 괴리감(乖離感)을 조금이라도 좁힐 수 있었으면 좋겠다.

1

신 노년 혁명 시대

◆ **연령으로 구분하는 세대의 분류**

① 알파세대(Generation Alpha)

알파세대는 2010년대 초반 이후에 태어난 세대를 말하며, 현재 10대에 해당되는 세대로서 21세기 출생자로만 구성된 첫 세대이다. 그리스어의 첫 알파벳인 '알파'를 사용하여 '알파세대'라고 부르게 되었으며, 알파세대의 부모들은 대부분 밀레니엄 세대에 해당된다고 볼 수 있다.

알파세대는 어려서부터 모바일 기기를 경험하면서 자라나는 세대로 이들은 인공지능(AI) 및 로봇 등 기술적 진보에 익숙한데, 실제로 이들 세대는 어려서부터 AI 스피커와 대화하면서 원하는 동요를 듣거나 동화를 읽어주는 것에 익숙한 상태로 성장했다. 따라서 알파세대는 사람과의 소통이 아닌 기계와의 일방적 소통에 익숙함으로서 정서적 발달이나 사회성 발달에 부정적인 영향을 미칠 수도 있다고 한다.

알파세대의 가장 큰 특징은 바로 스마트폰의 대중화와 유비쿼터스(사용자가 컴퓨터나 네트워크를 의식하지 않고 시간과 장소에 상관없이 언제나 자유롭게 네트워크에 접속할 수 있는 환경을 말한다.) 사회의 영향을 직접적으로 받은 세대인 것이다. 이들이 태어난 세대부터는 스마트폰이 인류 사회에서 대중화된 시기 이후에 출생하였으며, 이로 인해 디지털 정보에 상시 접속 가능한 유비쿼터스 사회에서 성장하고 있다.

② Z세대

기존의 X세대와 Y세대를 지나서 알파벳의 마지막 글자인 Z를 뜻하는 세대이다. 20세기 말에 최종적으로 태어난 세대를 말하는데 1990년대 중반에서 2010년대 초반에 태어난 사람으로서 현재 10대와 20대가 여기에 해당된다.

이들이 태어난 시기는 디지털 제품이 쏟아져 나오기 시작한 때이며, 인터넷이 전 세계에서 활발하게 시작한 후에 태어난 세대이다. 그러므로 인터넷 환경에 익숙하여 컴퓨터와 모바일 기기를 이용하여 공부도하고 일도 한다. 이들은 스마트폰 없이는 살 수 없는 세대이다. 이들은 SNS 활용 능력도 뛰어나서 유행에 민감하며, 스마트 폰으로 온라인 쇼핑을 하고 SNS를 통하여 모르는 사람들과도 인관관계를 맺고 산다.

③ M세대

 M세대는 1980년대 초반부터 1990년대 중반 사이에 태어난 세대로서 현재 30대와 40대가 여기에 해당되며, 밀레니엄(Millennium) 세대라고 하는데, 밀레니엄의 첫 자 M자를 사용하여 'M세대'라고 부른다.

 밀레니엄 세대는 아날로그와 디지털이 혼재된 환경에서 출생하여 2000년대를 주도할 세대로 인식되어져 '밀레니엄 세대'라고 부른다.

 이들은 인터넷과 SNS(사회적 관계망 서비스)의 성장을 주도하고 흐름에 민감하여 쇼핑과 소비력이 왕성하다. 휴대전화는 전화를 거는 것 이외에도 무선 인터넷을 이용하여 쇼핑이나 주식, 뉴스 검색 등 다양한 용도로 사용하고 있는 세대이다.

④ MZ세대

 MZ세대는 1980년대 초반에서 2000년대 초반에 태어난 세대를 말하며, M세대(밀레니엄 세대)와 Z세대를 합쳐서 일컫는 말이다. 현재 20대와 40대 초반의 나이에 해당되는 세대로서 현재 국내 인구의 30% 이상을 차지하고 있다.

 MZ세대는 기성세대들과는 다르게 디지털 환경에 익숙하고 모바일을 자유롭게 사용한다. 그러므로 최신 트렌드에 민감하고 이전과는 다른 참신한 경험을 추구하는 특징을 보이기도 한다. SNS 등을 통해 나 자신을 표출하는 것을 즐겨하며 기존 세대들보다 더 개방적이다. 그러므로 MZ세대들은 SNS에 기반한 유통 트렌드에서도 강력한 소비 주체가 되기 때문에 어느 기업들이나 MZ

세대에 대하여 신경을 많이 쓸 수 밖에 없다.

　MZ세대들은 직장 문화도 수직적인 문화보다는 수평적인 문화를 선호하여 일찍 퇴근하면서 회식 문화가 적은 기업을 선호하며, 권위적인 기업이나 야근이 많은 기업 등은 기피하는 경향이 높다. 결혼 문화도 기존 세대가 결혼이 필수였다면 이들은 선택이라고 생각한다. 결혼 이후 출산 문제도 필수가 아닌 선택이다. 현재 우리나라 출산률이 OECD 국가 중 가장 낮은 것도 이와 같은 맥락으로 해석할 수 있다.

⑤ 베이비부머(Baby Boomer) 세대

　미국에서는 제2차 세계대전 이후인 1946년부터 1964년 사이에 태어난 세대를 말하는데, 이들은 전쟁 후 베이비부머의 사회적 특수한 상황에서 태어난 세대들을 말하고 있다. 우리나라에서는 6.25 전쟁 이후인 1955년부터 가족 계획 정책이 시행된 1963년 사이에 태어난 세대를 말한다.

　베이비부머들은 1970년대 말부터 1980년대 초에 사회생활을 시작한 세대로서 국내 경제 성장에 엄청난 영향을 미친 한국 경제의 주역들이다. 그러나 최근 베이비부머의 자녀 세대들이 취업난을 겪으면서 자녀들의 취업과 결혼이 늦어지는 관계로 베이비부머 세대는 노부모 부양에 대한 부담과 함께 자녀들에 대한 부담도 함께 감당해야 되는 입장에 놓여 있는 세대들이다.

　한국 경제를 부흥시킨 베이비부머 세대는 현재 은퇴 중이거나 곧 은퇴를 앞두고 있다. 베이비부머 세대가 본격적으로 은퇴하여 노년기에 진입하게 되면 노년층은 급격하게 불어날 것이다.

이들은 전체 인구의 약 15%에 해당하는 730만 명 이상이 될 것으로 예상되는데 이들을 '신 노년 세대'라고 부른다. 이들은 기존의 노년 세대에 비하여 경제력이나 교육 수준 그리고 건강 상태 등이 월등하게 높은 것으로 파악되고 있다.

국가적으로도 이들의 능력을 사장시키는 것보다는 재활용하기 위하여 현재 65세인 노인의 연령을 늦추고, 정년의 시기도 늦추려는 정책을 법안으로 채택하려는 움직임도 있으리라 본다.

서울시복지재단(2023)이 발표한 '2022년 서울시 노인 실태 조사'에 의하면 서울에 거주하는 65세 이상 20%는 베이비부머 세대이며, 서울시 노인의 83.7%는 스마트 폰을 사용하고 있다고 하였다. 이제는 신 노년들을 위하여 정부에서도 일자리를 많이 제공하여 이들이 갖고 있는 능력을 마음껏 발휘하여 국가의 귀중한 자산으로 활용하여야 할 것이다.

⑤ 욜드(Yold) 세대

욜드족의 욜드란, Yold = Young + Old의 일본식 영어 합성어이다.

2019년 영국 이코노미스트거 '2020년 세계 경제 대 전망'을 통해 "65세~75세 욜드(Yould Old, 젊은 노인)의 전성시대가 도래했다"며 "이전 노인들보다 건강하고 부유한 욜드의 선택이 앞으로 소비재와 서비스, 금융시장을 뒤흔들 것이라고 전망한 것"이 시발이 되었다.

욜드세대의 주력은 1946년~1964년 미국, 일본, 유럽 등에서 태어난 베이비부머들이다. 제2차 세계 대전이 끝나고 전쟁터에 돌아온 병사들이 가정을 꾸리고 아이를 낳으면서 출생률이 급증하였다. 세계는 지금 욜드세대가 새로운 경제 부흥을 이끌 것으로 기대하고 있다.

욜드세대란 즉, 65세에서 75세에 해당되는 노인 중 젊게 사는 노인들을 지칭하는데 이들도 '새 노인'에 해당된다.

옛날에는 '노인'이라고 하면 얼굴에 주름이 많고 걸음걸이도 어눌하고 대접만 받기를 원하는 부정적인 이미지가 강했으나, 지금의 욜드세대는 경험과 지식이 많고 노후 준비가 되어 있기에 경제적으로도 어려움을 겪지 않고 긍정적인 이미지가 많은 노인 세대이다.

욜드족은 경제적으로나 사회적으로 어느 정도 여유가 있는 사람들이므로 이들의 소비 심리는 패션이나 뷰티, 여가 생활, 건강식품 등에 많은 관심을 갖고 있다. 그리고 트렌드에 뒤처지지 않기 위하여 사회 전반에 관심을 기울이면서 세대 차이를 줄이기 위하여 노력하는 사람들이다. 욜드 세대란 장수하는 데 좋은 조건을 갖고 있으므로 이들은 앞으로 100세 이상으로 살 수 있는 세대들이다.

우리나라의 욜드세대는 2020년 600만 명을 넘어서고, 10년 뒤인 2030년 인구의 5분의 1인 1,000만 명을 넘어설 것으로 예측되고 있다. 자산이 가장 많은 1,000만 명 욜드 세대의 지갑을 열게 해 경제를 부흥시키자는 주장이 제기되고 있다.

일본노년학회는 2017년, 새로운 노인 연령 기준을 일부 정부에 제안했다. 65세에서 74세 사이를 준 고령자, 75세에서 89세 사이를 고령자, 그리고 90세 이상을 초고령자로 분류하자는 것이다. 이에 앞선 2015년, 유엔도 생애 연령 기준을 다시 정립해 발표했다.

18세에서 65세 사이를 청년, 66세에서 79세 사이를 중년, 80세에서 99세 사이를 노인, 100세 이후를 장수 노인으로 구분하고 있다.

우리나라에서도 노인 기준 연령을 현행 65세에서 단계적으로 70세로 상향 조정하자는 주장이 제기되고 있다. 하지만, 복지 공백에 따른 우려로 일괄 상향 조정 대신 정책별로 대상 연령 기준을 조정하는 것으로 일단락됐다.

◈ 신 노년의 탄생

과거에는 노인이라고 하면 힘도 없고 가난해서 누구의 도움 없이는 살아갈 수 없는 돌봄의 대상이었으나, 6.25 전쟁 이후에 태어난 능력 있는 베이비부머 세대들이 은퇴를 시작하고, 노인의 대열에 들어서고부터는 과거와는 다른 새로운 '신노인'들이 출현하게 되었다.

이들은 대부분 고학력자들이 많아서 지금까지 우리나라 산업 전선에서 주역으로 일하면서 대한민국을 경제 대국의 반열에 들어서는데 앞장서서 기여한 주인공들이다. 이들은 기존의 노인들이 노후에 경제적으로 많은 어려움을 겪는 것과는 다르게 어느 정도 노후 대책도 마련이 되어 있으며 활력도 있고 경제력도 있는 세대들이다. 연금 혜택을 받는 사람이 있는가 하면, 주식이나 부동산에 투자하여 은퇴 후에도 국내 경제에 직·간접적으로 관여를 하고 있다.

지금 우리나라는 출생률 저하로 인하여 생산 인구는 계속 감소하고 있으며, 기대 수명 증가로 인하여 고령층의 인구는 계속 늘어갈 것으로 예상됨에 따라 신 노년들의 지식과 경험과 능력들을 사장시키는 것보다는 국가적으로도 이들의 능력을 재활용하여 국익에도 도움이 될 수 있는 방향으로 정책을 전환시킬 방법도 모색하리라 본다. 산업 현장의 부족한 일손을 이들을 활용한 새로운 일자리들도 창출되리라 예상되고 있다.

베이비부머들은 이제 은퇴를 시작하였으며, 앞으로도 은퇴자들이 계속 증가하여 신 노년들의 숫자가 계속 증가하면 우리나라 경제에도 이들로 인하여 많은 변화가 있으리라 예상된다. 특히 이들은 시간과 경제력에 여유가 있는 만큼 주식이나, 쇼핑, 관광, 부동산 등에도 적극적으로 참여하리라 보며 사회 활동에도 적극적으로 참여하고 있다. 초고령 사회를 앞두고 신 노년의 출현은 국내 산업 시스템에 많은 변화가 있으리라 예상된다.

◈ 신 노년이란 무엇인가?

기존의 노인들은 힘도 없고 가난해서 돌봄의 대상이었으며 의존적이었으나, 베이비부머들이 은퇴를 시작하고 노인이 됨으로서 이들은 경제력을 앞세워 활발하게 사회생활을 이어갈 수 있는 새로운 노인들이 출현하게 되었는데 이들을 '신노인'이라고 말한다.

초고령사회를 앞두고 신노인들의 숫자는 계속 증가할 것이며, 이들의 능동적이고 적극적인 사회 활동은 국내 산업에도 생산적인 영향력을 미칠 것으로 예상된다.

앞으로 100세를 산다고 하면 인생의 1/3을 노인으로 살아가야 하는데 기존의 노인의 모습으로 살아갈 수는 없는 것이다.

◆ 신 노년의 특징

베이비부머 세대들은 기존의 노인 세대에 비하여 교육 수준이나 경제 수준 그리고 건강 상태 등이 월등히 높다.

이들은 앞으로 100세를 산다고 가정한다면 앞으로 1/3을 노인으로 살아가야 한다.

이들 신노인들은 나이는 노인이지만 더 이상 기존의 노인들과 같은 삶의 방식으로 살아가지는 않을 것이다.

이들의 특성은 다음과 같다.
- 신 노년들은 기술과 많은 경험들을 갖고 있으므로 능력의 소유자들이다.
- 컴퓨터 활용 능력과 모바일 기기를 사용할 수 있으므로 SNS 활동도 적극적으로 한다.
- 노후 대책이 되어 있으므로 삶의 태도가 능동적이고 활동적이다.
- 운동이나 여행 등 여가 활동에도 적극적이다.
- 건강과 외모에 관심이 많으며 건강과 외모를 위해서는 투자를 아끼지 않는다.
- 사회생활을 왕성하게 하며 대인관계도 적극적이다.
- 사회 참여의 욕구가 강하며 자기표현을 적극적으로 한다.
- 복지 대상의 노인에서 복지 주체로서의 노인으로 인식이 전환된다.

- 신 노년들은 50대부터 노후 준비를 하여 혼자서 살아갈 능력이 있다.
- 1인 가구의 선구자로서 신노인들이 혼자서 살아가는데 편리하도록 새로운 문화와 환경을 창출할 것이다.

◈ 기존 노인 세대와 신노인 세대의 비교

기존 노인 세대와 베이비부머 세대에 해당되는 신노인 세대는 각각 다른 특성들을 보여주고 있다. 베이비부머들이 은퇴를 하고 노인이 됨으로서 국내에도 새로운 노인들의 문화와 특성들이 창출되리라 예상된다.

「기존 노인 세대와 신노인 세대의 비교」

구분	기존 노인세대	신 노인세대
가치관	폐쇄적이고 변화에 거부	합리적, 변화에 개방적, 나이와 젊음은 별개
삶의 태도	소극적이고 의존적	적극적이고 자립적임
수명 인식	80세 패러다임	100세 패러다임
학력	비교적 저학력	비교적 고학력임
여가 인식	잉여 시간	자기 개발의 기회
대인 관계	동 세대 간에 교류	폭 넓은 대인 관계를 추구

소득 여부	대체적으로 소득이 없음	소득 있음(연금, 저축, 부동산 등)
노후 설계	자녀에게 의지	배우자, 사회시스템에 의존
경제 생활 전망	상대적으로 부정적임	상대적으로 긍정적임

〈최유진, 차미경(2019). 노인의 공공도서관 이용 가치체계에 관한 연구. 한국비블리아학회지. 30(1).〉

10.
사단법인 대한노인회

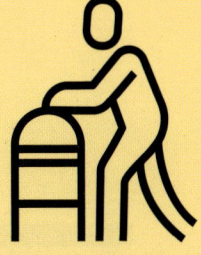

1

설립 목적

　노인들의 권익 신장과 복지 증진 그리고 봉사 활동 등을 통하여 사회 발전에 기여함을 목적으로 하고 있다. 1969년 1월 창립총회를 거쳐서, 1970년 4월 법인 설립 허가를 받아서 지금까지 운영하고 있다.

② 대한노인회 조직도

　사단법인 대한노인회의 설립목적은 노인들의 권익 신장과 복지 증진 그리고 봉사 활동 등을 통하여 사회 발전에 기여함을 목적으로 하고 있다. 1969년 1월 창립총회를 거쳐서, 1970년 4월 법인 설립 허가를 받아서 지금까지 운영하고 있다.

　대한노인회는 전국 시·도 연합회가 16개소이며, 시·군·구 지회가 244개소, 읍·면·동 분회가 2,255개소, 전국에서 운영 중인 경로당이 67,322개소이다.

　해외 지부로서는 15개국에서 20개소가 운영 중이다. 전국 시·구·구 지회는 244개소이다.

3

대한노인회 주요 사업 내용

① 취업 지원 본부 운영

근로 능력 있는 노인들에게 적합한 일자리 활동을 지원함으로써 소득 보충, 건강 개선 및 사회적 관계 증진 등 안전한 노후 생활을 보장한다.

수요처의 요구에 의해서 일정 교육을 수료하거나 관련된 업무 능력이 있는 자를 해당 수요처로 연계하여 근무 기간에 대한 일정 임금을 지급받을 수 있는 일자리를 제공하고 있다. 2004년 9월에 설립하였으며, 2020년도 현황을 보면 민간형 일자리 사업으로 37,089명에게 새로운 일자리를 제공하였다.

② 경로당 중앙 지원 본부

전국 각 시도지부에서 운영하고 있는 경로당을 관리하고 지원한다. 각 지역 사회 중심의 전문적이고 통합적인 경로당 복지 서비스 관리 체계를 구축함으로써 지역 사회에서 운영하고 있는 경로당 이용자들의 만족도를 제고하고 경로당의 선진화와 활성화를 도모한다.

현재 전국에서 운영 중인 경로당은 67,322개소이다.

내가 속해 있는 삼척시 지회에는 경로당이 241개소이며 회원들은 17,460명이다. 현재 회원 가입 수는 70%이다.

③ 노인 대학(지도자, 경로당) 운영

- 노인 지도자 대학 운영

시·도 연합 회장 감독 하에 노인 지도자 대학장이 운영한다. 일선 지도자들을 교육하여 존경받는 노인상 확립과 기간 조직의 활성화를 도모하는 효율적인 운영을 도모하는데 목적이 있다.

- 노인 대학 운영

각 시·도지부 지회장 감독 하에 노인 대학장 책임 하에 운영한다. 노인들에게 지역 사회에서 존경받는 노인으로서 품위 향상과 그들에게 현대 사회에 적응하는 능력을 배양하고 노인 각자가 지니는 잠재 능력을 재개발시키고 노인 건강 관리에 관한 지식을 부여함으로써 여생을 보람 있게 보낼 수 있도록 하는 데 목적이 있다.

현재 전국 시도 지부 산하 343개소에서 노인 대학을 운영하고 있다. 내가 속해 있는 삼척시 노인 대학(원)은 각각 40명씩 정원으로 운영하고 있으며, 교육 내용으로는 건강관리, 교양강좌, 인

문학강의, 현장체험학습 등을 전반기와 후반기로 나누어서 교육하고 있다.

④ 노인 자원 봉사 지원 본부 운영

노인 자원 봉사활동에 관한 이해와 관심 그리고 참여를 확대하여 노인 자원 봉사활동을 활성화하고 지원 봉사에 필요한 교육을 실시하고 클럽 봉사활동 진행 등을 통하여 새로운 노인 자원봉사 문화 혁신에 기여를 한다.

현재 전국 17개 지역의 노인 자원 봉사 클럽은 2018년 기준으로 3,955개 클럽에서 30,974명이 활동하고 있다.

⑤ 혜인 중앙 연수원 운영

전국 경로당 회장 및 임원들을 대상으로 합숙 훈련을 통하여 경로당 회장 및 임원의 역할과 자세, 갈등 관리, 공감 소통, 건강 관리 등에 관한 연수를 실시한다.

⑥ 대한노인회 체육회 운영

각 시도 지부에 체육회를 운영하며, 파크 골프협회 등 각 종목별 회원 개개인의 건강 증진과 건전한 여가시간을 위한 다양한 체육활동으로 명랑한 사회 분위기를 조성하고 스포츠 정신 확신을 통한 사회 발전에 기여한다.

⑦ 문화 예술 진흥회 운영

모든 사람들이 창조의 기쁨을 공유하고 가치 있는 삶을 누릴 수 있도록 문화 예술로 소통할 수 있도록 지원한다.

시니어 가요 콩쿠르 위원회 등 6개 위원회가 운영 중이다.

참고문헌。

참고문헌

감사원(2021). 인구 구조변화 대응 실태.

강문희, 이광자, 박경(1997). 인간관계의 이해. 학지사.

경찰청(2022). 연령대 별 1인 가구 비중.

국립연명의료관리기관(https://www.lst.go.kr).

국민연금공단(2021). 제 9차 중·고령자의 경제생활 및 노후준비 실태 보고서.

김여환(2012). 죽기 전에 더 늦기 전에. 청림출판.

김종두(2011). 의사소통 능력. 학지사.

김진숙, 김지은, 연미희, 이인수(2014). 인간관계와 의사소통. 창지사.

김형석(2022). 고독이라는 병. 비전과 리더십.

김홍백(2015). 레저스포츠총론. 형설출판사.

김홍백(2005). 골프 길잡이. 도서출판 인쇄마을.

김홍백, 심창섭(2014). 스포츠심리학. 도서출판 홍경.

대한노인회(2022). 노인대학 통합교재. 인문학. 사단법인 대한노인회.

대한노인회(2022). 노인대학 통합교재. 자기인식. 사단법인 대한노인회.

박준호, 서영석(2010). 한국판 지각된 스트레스 척도. 한국심리학회지. 29(3).

보건복지부(2004). 노인들을 위한 식생활 개선 지침.

보건복지부(2021). 노인실태조사.

보건복지부(2021). 자살예방백서.

보건복지부, 대한의학회(2015). 국민건강 영양 실태조사.

삼척시(https://www.samcheok.go.kr/main.web).

서울시 복지재단(2023). 2022년 서울시 노인실태조사.

서울시의회(https://www/smc.seoul.kr).

서울특별시(https://www.seoul.go.kr).

송욱(2023). 한국식품커뮤니케이션 포럼.

시니어행복연구소(2022). (http://cafe.dawn.net/shdwh6103).

이숙, 권명진 외(2019). 인간관계와 의사소통. 대한나래출판사.

전겸구, 최상진, 양병창(2001). 통합적 판국판 CES-D개발. 한국심리학회지: 건강. 6(1).

전광(2007). 평생감사. 생명의 말씀사.

정순희(2019). 아직 할 일이 남아 있으니 다시 시작합시다. 바이북스.

조선일보사(2022). 결혼희망여부조사.

중앙노인보호전문기관(http://www.noinboho.org).

최유진, 차미경(2019). 노인의 공공도서관 이용 가치체계에 관한 연구. 한국비블리아학회지. 30(1).

통계청(2005). 고령인구 지표의 변화.

통계청(2021). 노인실태조사.

통계청(2021). 연령대별 1인 가구 비중.

통계청(2022). 2021년 신혼부부 통계 결과.

통계청(2022). 대한민국 출산율.

통계청(2022). 우리나라 합계 출산율.

통계청(2022). 통계로 보는 1인 가구.

통계청(2022). 한국과 세계의 출산율.

통계청(https://www.kostat.go.kr).

한국갤럽조사(2021). 동성결혼 법제화 찬반 결과.

한국스포츠심리학회편(1998). 스포츠심리학. 도서출판 태근.

한국영양학회(1994). 연령 증가에 따른 남녀 노인들의 영양상태 및 이에 영향을 미치는 요인 분석.

행정안전부(2021). 국가균형발전 특별법 제정.

행정안전부(2023). 한국과 세계의 출산율.

행정안전부(2023). 대한민국 출산율.

Albert Mehrabian(1971). Silent Messages.

백세시대 건강관리

2023년 6월 2일 초판 1쇄 인쇄 | 2023년 6월 9일 초판 1쇄 발행

저자 김홍백 | **발행인** 장진혁 | **발행처** (주)형설이엠제이
주소 서울시 마포구 월드컵북로 402 KGIT 상암센터 1212호 | **전화** (070) 4896-6052~3
등록 제2014-000262호 | **홈페이지** www.emj.co.kr | **e-mail** emj@emj.co.kr
공급 형설출판사

정가 20,000원

ⓒ 2023 김홍백 All Rights Reserved.

ISBN 979-11-91950-37-3 03300

* 본 도서는 저자와의 협의에 따라 인지는 붙이지 않습니다.
* 본 도서는 저작권법에 의해 보호를 받는 저작물이므로 동영상 제작 및 무단전재와 복제를 금합니다.
* 본 도서의 출판권은 ㈜형설이엠제이에 있으며, 사전 승인 없이 문서의 전체 또는 일부만을 발췌/인용하여 사용하거나 배포할 수 없습니다.

백세시대 건강관리